조선총독부 편찬 (1923~1924)

# 『普通學校國語讀本』

## 第二期 한글번역 ❸

(4학년용)

김순전 · 박장경 · 김현석 譯

제이앤씨
Publishing Company

# ≪ 목차 ≫

**卷八** (4학년 2학기, 1924)

# 序文

## 1. '조선총독부 편찬(1923～1924) 『普通學校 國語讀本』第二期 한글번역' 발간의 의의

베네딕트 앤더슨은 '국민국가'란 절대적인 존재가 아니라 상대적인 것이며 '상상된 공동체'라 하였는데, 이러한 공동체 안에서 국민국가는 그 상대성을 극복하기 위하여 학교와 군대, 공장, 종교, 문학 그 밖의 모든 제도와 다양한 기제들을 통해 사람들을 국민화 하였다. '근대국가'라는 담론 속에서 '국민'이란 요소는 이미 많은 사람들에 의해 연구되어져 왔고, 지금도 끊임없이 연구 중에 있다. 근대 국민국가의 이러한 국민화는 '국가'라는 장치를 통해 궁극적으로는 국가의 원리를 체현할 수 있는 개조된 국민을 이데올로기 교육을 통하여 만들어 내는 데 있다.

교과서는 무릇 국민교육의 정화(精華)라 할 수 있으며, 한 나라의 역사진행과 불가분의 관계를 가지고 있다. 따라서 교과서를 통하여 진리탐구는 물론, 사회의 변천 또는 당시의 문명과 문화 정도를 파악할 수 있고, 무엇보다 중요한 한 시대의 역사 인식 즉, 당시 기성세대는 어떤 방향으로 국민을 이끌어 가려 했고, 그 교육을 받은 세대(世代)는 어떠한 비전을 가지고 새 역사를 만들어가려 하였는지도 판독할 수 있다. 이렇듯 한 시대의 교과서는 후세들의 세태판독과 미래창조의 설계를 위한 자료적 측면에서도 매우 중요하다.

이에 일제강점기 조선의 초등학교에서 사용되었던 朝鮮總督府 編纂『普通學校國語讀本』(1923～1924) 번역서를 정리하여 발간하는 일은 한국근대사 및 일제강점기 연구에 크게 기여할 수 있는 필수적 사항이다. 이는 그동안 사장되었던 미개발 자료의 일부를 발굴하여 체계적으로 정리해 놓는 일의 출발로서 큰 의의가 있을 것이다. 이로써 한국학(韓國學)을 연구하는데 필요한 자료를 제공함은 물론, 나아가서는 1907년부터 1945년 8월까지 한국에서의 일본어 교육과정을 알 수 있는 자료적 의미도 크다. 특히 1960년대부터 시작된 한국의 일본학연구 분야에서 새로운 지평을 여는 데 하나의 방향 및 대안을 제시할 수 있으리라 생각한다.

우리는 지금까지 "일본이 조선을 강제로 합병하여 식민통치를 했다."는 개괄적인 이야기는 수없이 들어왔으나, 그에 대한 구체적인 사례나 실체는 볼 수 없었거나 드물었다고 할 수 있을 것이다.

따라서 일제강점기 조선아동용 일본어 입문 교과서인『普通學校國語讀本』에 대한 재조명은 '일본이 조선에서 일본어를 어떻게 가르쳤는가?'를 실제로 보여주는 작업이 될 것이며, 또한 이 시대를 사는 우리들이 과거 긴박했던 세계정세의 흐름을 돌아봄으로써 오늘날 급변하는 세계에 대처해 나갈 능력을 키울 수 있으리라고 본다. 이를 기반으로 일제의 식민지정책의 변화 과정과 초등교과서의 요소요소에 스며들어 있는 일본문화의 여러 양상을 구체적으로 파악하고, 새로운 시점에서 보다 나은 시각으로 당시의 모든 문화와 역사, 나아가 역사관을 구명할 수 있는 기초자료로 활용되기를 기대한다.

## 2. 근대 조선의 일본어 교육

### 1) 일본의 '国語' 이데올로기

근대에 들어와서 국가는 소속감, 공통문화에 대한 연대의식과 정치적 애국심을 바탕으로 강력한 국민국가의 형태로 나타나게 되었고, 외세의 침입으로부터 국가를 보호하기 위해 국민을 계몽하고 힘을 단합시키는 데 국가적 힘을 결집하게 된다. 그리고 국가가 필요로 하는 국민을 만들기 위해 공교육제도를 수립하고, 교육에 대한 통제를 강화하여 교육을 국가적 기능으로 편입시키게 된다.

국가주의는 국민(nation)의 주체로서 구성원 개개인의 감정, 의식, 운동, 정책, 문화의 동질성을 기본으로 하여 성립된 근대 국민국가라는 특징을 갖고 있다. 국가주의의 가장 핵심적인 요소는 인종, 국가, 민족, 영토 등의 객관적인 것이라고 하지만 公用語와 문화의 동질성에서 비롯된 같은 부류의 존재라는 '우리 의식'(we～feeling) 내지 '自覺'을 더욱 중요한 요인으로 보는 것이 일반적이다. 여기에서 더 나아가 '우리 의식'과 같은 국민의식은 국가를 위한 운동, 국가 전통, 국가 이익, 국가 안전, 국가에 대한 사명감(使命感) 등을 중시한다. 이러한 국민의식을 역사와 문화 교육을 통해 육성시킴으로써 강력한 국가를 건설한 예가 바로 독일이다. 근대 국민국가의 어떤 특정한 주의, 예를 들면 독일의 나치즘(Nazism), 이탈리아의 파시즘(Fascism), 일본의 쇼비니즘(Chauvinism)은 맹목적인 애국주의와 국수주의적인 문화 및 민족의식을 강조하고, 이러한 의식을 활용하여 제국적인 침략주의로 전락하고 있는 것도 또 하나의 특징이다.

'Ideology'란 용어는 Idea와 Logic의 합성어로 창의와 논리의 뜻을 담고 있다. Engels와 Marx의 이념 정의를 요약하면, "자연, 세계, 사회 및 역사에 대해 가치를 부여하고 그 가치성을 긍정적, 부정적으로 평가하는 동의자와 일체감을 형성하여 그 가치성을 행동으로 성취하는 행위"[1]라는 것이다. 따라서 Ideology란 '개인의 의식 속에 내재해 있으면서도 개인의식과는 달리 개인이 소속한 집단, 사회, 계급, 민족이 공유하고 있는 〈공동의식〉, 즉 〈사회의식〉과 같은 것'이라 할 수 있다.

메이지유신 이후 주목할 만한 변화를 보면, 정치적으로는 〈國民皆兵制〉(1889)가 실시되고, 〈皇室典範〉(1889)이 공포되어 황실숭상을 의무화하는가 하면, 〈大日本帝國憲法〉(1889)이 반포되어 제국주의의 기초를 마련한다. 교육적으로는 근대 교육제도(學制, 1872)가 제정 공포되고, 〈教育勅語〉(1890)와 「기미가요(君が代)」(1893) 등을 제정하여 제정일치의 초국가주의 교육체제를 확립하였으며,[2] 교과서정책 또한 메이지 초기 〈自由制〉, 1880년 〈開申制(届出制)〉, 1883년 〈認可制〉, 그리고 1886년 〈検定制〉를 거쳐, 1904年 〈国定教科書〉 정책으로 규제해 나간다.

우에다 가즈토시(上田萬年)가 주장했던 '母語 = 国語' 이데올로기는, 일본어의 口語에 의해, 보다 구체화되었다. 그러나 그 중핵은 학습에 의해서만 습득할 수 있는 극히 인위적인 언어였음에도 불구하고 근대일본의 여러 제도(교육, 법률, 미디어 등)는, 이 口語에 의해 유지되어, '母語 = 国語' 이데올로기로 확대 재생산되기에 이르렀으며, 오늘날에도 '일본어 = 국어'는 일본인에 있어서 대단히 자명한 사실인 것처럼 받아들여지고 있다.

일본은 국가신도(國家神道)를 통하여 일본인과 조선인에게 천황신성사상의 이데올로기를 심어주려 하였다. 만세일계의 황통이니, 팔굉일우(八紘一宇)니, 국체명징(國體明徵)이니, 기미가요(君が代) 등으로 표현되는 천황에 대한 충성심과 희생정신이 일본국가주의의 중심사상으로 자리 잡게 된

---

1) 高範瑞 외 2인(1989), 『現代 이데올로기 總論』, 학문사, pp.11~18 참조.
2) 黃惠淑(2000), 「日本社會科教育의 理念變遷硏究」, 韓國教員大學校 大學院 博士學位論文, p.1

것이다. 즉, '명령과 절대복종'식의 도덕성과 충군애국사상을 교육을 통해서 심어주고자 한 것이 '국가주의'에 의한 일본식 교육이었음을 알 수 있다.

### 2) 합병 후 조선의 교육제도와 일본어 교육

조선에서의 일본어 교육은 식민지라는 특수한 상황에서 일본식 풍속미화의 동화정책을 시행하기 위해 가장 기본적인 수단으로 중요시되었다. 이는 말과 역사를 정복하는 것이 동화정책의 시작이요 완성이라는 의미이다.

1910년 8월 29일, 한국은 일본에 합병되었으며, 메이지천황의 합병에 관한 조서(詔書)는 다음과 같다.

> 짐은 동양의 평화를 영원히 유지하고 제국의 안전을 장래에 보장할 필요를 고려하여·····조선을 일본제국에 합병함으로써 시세의 요구에 응하지 않을 수 없음을 염두에 두어 이에 영구히 조선을 제국에 합병하노라···下略···[3]

일제는 한일합병이 이루어지자 〈大韓帝國〉을 일본제국의 한 지역으로 인식시키기 위하여 〈朝鮮〉으로 개칭(改稱)하였다. 그리고 제국주의 식민지 정책 기관으로 〈朝鮮總督府〉를 설치하고, 초대 총독으로 데라우치 마사타케(寺内正毅)를 임명하여 무단정치와 제국신민 교육을 병행하여 추진하였다. 따라서 일제는 조선인 교육정책의 중점을 '점진적 동화주의'에 두고 풍속미화(풍속의 일본화), 일본어 사용, 국정교과서의 편찬과 교원양성, 여자교육과 실업교육에 주력하여 보통교육으로 관철시키고자 했다. 특히 일제

---

3) 教育編纂会『明治以降教育制度発達史』 第十巻 1964년 10월 p.41(필자 번역, 이하 동). 朝鮮教育研究會, 『朝鮮教育者必讀』, 1918년, pp.47~48 참고

보통교육 정책의 근간이 되는 풍속미화는 황국신민의 품성과 자질을 육성하기 위한 것으로 일본의 국체정신과 이에 대한 충성, 근면, 정직, 순량, 청결, 저축 등의 습속을 함양하는 데 있었다. 일본에서는 이를 〈통속교육위원회〉라는 기구를 설치하여 사회교화라는 차원에서 실행하였는데, 조선에서는 이러한 사회교화 정책을 보통학교를 거점으로 구상했다는 점이 일본과 다르다 할 수 있다.[4)]

조선총독부는 한국병합 1년 후인 1911년 8월 24일 〈朝鮮教育令〉[5)]을 공포함으로써 교육령에 의한 본격적인 동화교육에 착수한다. 초대 조선총독 데라우치 마사타케(寺内正毅)의 교육에 관한 근본방침을 근거로 한 〈朝鮮教育令〉은 全文 三十條로 되어 있으며, 그 취지는 다음과 같다.

> 조선은 아직 일본과 사정이 같지 않아서, 이로써 그 교육은 특히 덕성(德性)의 함양과 일본어의 보급에 주력함으로써 황국신민다운 성격을 양성하고 아울러 생활에 필요한 지식 기능을 교육함을 본지(本旨)로 하고…… 조선이 제국의 융운(隆運)에 동반하여 그 경복(慶福)을 만끽함은 실로 후진 교육에 중차대한 조선 민중을 잘 유의시켜 각자 그 분수에 맞게 자제를 교육시켜 成德 達才의 정도에 따라야 할 것이며, 비로소 조선의 민중은 우리 皇上一視同仁의 홍은(鴻恩)을 입고, 一身一家의 福利를 향수(享受)하고 人文 발전에 공헌함으로써 제국신민다운 열매를 맺을 것이다.[6)]

이에 따라 교사의 양성에 있어서도 〈朝鮮教育令〉에 의하여, 구한말 고종의 〈교육입국조서〉의 취지에 따라 설립했던 기존의 '한성사범학교'를 폐지

---

4) 정혜정・배영희(2004),「일제 강점기 보통학교 교육정책연구」,『教育史學 硏究』, 서울대학교 教育史學會 편, p.166 참고
5) 教育編纂会(1964, 10)『明治以降教育制度発達史』 第十巻, pp.60～63
6) 조선총독부(1964, 10),『朝鮮教育要覽』, 1919년 1월, p.21. 教育編纂会 『明治以降教育制度発達史』 第十巻, pp.64～65

하고, '관립고등보통학교'와 '관립여자고등보통학교'를 졸업한 자를 대상으로 1년간의 사범교육을 실시하여 배출하였다. 또한 부족한 교원은 '경성고등보통학교'와 '평양고등보통학교'에 부설로 수업기간 3개월의 임시교원 속성과를 설치하여 〈朝鮮教育令〉의 취지에 맞는 교사를 양산해 내기에 이른다.

데라우치 마사타케가 제시한 식민지 교육에 관한 세 가지 방침은 첫째, '조선인에 대하여 〈教育勅語〉(Imperial rescript on Education)의 취지에 근거하여 덕육을 실시할 것' 둘째, '조선인에게 반드시 일본어를 배우게 할 것이며 학교에서 教授用語는 일본어로 할 것.' 셋째, '조선인에 대한 교육제도는 일본인과는 별도로 하고 조선의 時勢 및 民度에 따른 점진주의에 의해 교육을 시행하는 것'이었다.

〈제1차 조선교육령〉(1911)에 의거한 데라우치 마사타케의 교육방침은 "일본인 자제에게는 학술, 기예의 교육을 받게 하여 국가융성의 주체가 되게 하고, 조선인 자제에게는 덕성의 함양과 근검을 훈육하여 충량한 국민으로 양성해 나가는 것"[7]으로, 이를 식민지 교육의 목표로 삼았다. 데라우치는 이러한 교육목표를 내세우며, 일상생활에 '필수(必須)한 知識技能'을 몸에 익혀 실세에 적응할 보통교육을 강조하는 한편, 1911년 11월의 「일반인에 대한 유고(諭告)」에서는 '덕성을 함양하고 일본어를 보급하여 신민을 양성해야 한다'고 '교육의 필요성'을 역설하기도 했다. 이에 따라 보통학교의 교육연한은 보통학교 3~4년제, 고등보통학교 4년제, 여자고등보통학교 3년제로 정해졌으며, 이와 관련된 사항을 〈朝鮮教育令〉에 명시하였다.

한편 일본인학교의 교육연한은 초등학교 6년제, 중학교 5년제, 고등여학교 5년제(1912년 3월 府令 제44호, 45호)로, 조선인과는 다른 교육정책으로 복선형 교육제도를 실시하였음을 알 수 있다. 〈제1차 조선교육령〉과 〈보

7) 정혜정 · 배영희(2004), 위의 논문, p.167

통학교시행규칙〉에 의한 보통학교 교과목과 교과과정, 그리고 수업시수를 〈표 1〉로 정리하였다.[8]

**〈표 1〉 〈제1차 조선교육령〉 시기 보통학교 교과과정과 매주 교수시수(1911~1921)[9]**

| 학년<br>과목 | 1학년 | | 2학년 | | 3학년 | | 4학년 | |
|---|---|---|---|---|---|---|---|---|
| | 과정 | 시수 | 과정 | 시수 | 과정 | 시수 | 과정 | 시수 |
| 수신 | 수신의 요지 | 1 | 좌동 | 1 | 좌동 | 1 | 좌동 | 1 |
| **국어** | 독법, 해석, 회화, 암송, 받아쓰기, 작문, 습자 | 10 | 좌동 | 10 | 좌동 | 10 | 좌동 | 10 |
| 조선어及한문 | 독법, 해석, 받아쓰기, 작문, 습자 | 6 | 좌동 | 6 | 좌동 | 5 | 좌동 | 5 |
| 산술 | 정수 | 6 | 좌동 | 6 | 좌동, 소수, 제등수, 주산 | 6 | 분수, 비례, 보합산, 구적, 주산 | 6 |
| 이과 | | | | | 자연계의 사물현상 및 그의 이용 | 2 | 좌동, 인신생리 및 위생의 대요 | 2 |
| 창가 | 단음창가 | 3 | 좌동 | 3 | 좌동 | 3 | 좌동 | 3 |
| 체조 | 체조, 보통체조 | | | | 좌동 | | 좌동 | |
| 도화 | 자재화 | | | | 좌동 | | 좌동 | |
| 수공 | 간이한 세공 | | | | 좌동 | 2 | 좌동 | 2 |
| 재봉及수공 | 운침법, 보통의류의 재봉, 간이한 수예 | | 보통의류의 재봉법, 선법, 간이한 수예 | | 좌동 및 의류의 선법 | | 좌동 | |
| 농업초보 | | | | | 농업의 초보 및 실습 | | 좌동 | |
| 상업초보 | | | | | 상업의 초보 | | 좌동 | |
| 계 | | 26 | | 26 | | 27 | | 27 |
| **국어/전체시수(%)** | | **38** | | **38** | | **37** | | **37** |

8) 朝鮮教育會(1935), 『朝鮮學事例規』, pp.409~410 참조
9) 〈표 1〉은 김경자 외 공저(2005), 『한국근대초등교육의 좌절』, p.77을 참고하여 재작성하였음.

〈표 1〉에서 알 수 있듯이 1, 2학년의 교과목에는 수신, 국어, 조선어및한문, 산술, 창가에 시수를 배정하였으며, '체조', '도화', '수공'과, '재봉및수공(女)'과목은 공식적으로 시수를 배정하지 않았다. 그러나 교과과정을 명시하여 교사의 재량 하에 교육과정을 이수하게 하였다. 그리고 3, 4학년과정에서 '조선어및한문'을 1시간을 줄이고 '수공'에 2시간을 배정함으로써 차츰 실용교육을 지향하고 있음을 보여준다.

가장 주목되는 것은 타 교과목에 비해 압도적인 시수와 비중을 차지하고 있는 '國語(일본어)' 과목이다. 특히 언어교육이란 지배국의 이데올로기를 담고 있기 때문에 일본어교육은 일제가 동화정책의 출발점에서 가장 중요시하였던 부분이었다. 〈표 1〉에서 제시된 '國語'과목의 주된 교과과정은 독법, 회화, 암송, 작문, 습자 등으로 일본어교육의 측면만을 드러내고 있다. 그런데 교과서의 주된 내용이 일본의 역사, 지리, 생물, 과학을 포괄하고 있을 뿐만 아니라, 일본의 사상, 문화, 문명은 물론 '실세에 적응할 보통교육' 수준의 실용교육에 까지 미치고 있어, '國語'교과서만으로도 타 교과목의 내용을 학습하도록 되어 있어 식민지교육을 위한 종합교과서라고 볼 수 있다. 그런만큼 40%에 가까운 압도적인 시수를 배정하여 집중적으로 교육하였음은 당연한 일이었을 것이다.

## 3. 〈제2차 조선교육령〉 시기의 일본어 교육

### 1) 3 · 1 독립운동과 〈제2차 조선교육령〉

합병 후 일제는 조선총독부를 설치하고 무단 헌병정치로 조선민족을 강압하였다. 육군대신 출신이었던 초대 총독 데라우치 마사타케(寺內正毅)에서 육군대장 하세가와 요시미치(長谷川好道)총독으로 계승된 무단통치는 조선인들의 반일감정을 고조시켰으며, 마침내 〈3・1독립운동〉이라는 예상치 못한 결과를 초래했다.

일제는 일제의 침략에 항거하는 의병과 애국계몽운동을 무자비하게 탄압하고 강력한 무단정치를 펴나가는 한편, 민족고유문화의 말살, 경제적 침탈의 강화로 전체 조선민족의 생존에 심각한 위협을 가했다. 일제는 민족자본의 성장을 억제할 목적으로 〈회사령〉(會社令, 1910)을 실시함으로써 총독의 허가를 받아야만 회사를 설립할 수 있도록 제한하였고, 〈조선광업령〉(朝鮮鑛業令, 1915), 〈조선어업령〉(朝鮮漁業令, 1911) 등을 통해 조선에 있는 자원을 착출하였다. 또한 토지조사사업(土地調査事業, 1910~18)으로 농민의 경작지가 국유지로 편입됨에 따라 조상전래의 토지를 빼앗기고 빈농 또는 소작농으로 전락하기에 이르러, 극히 일부 지주층을 제외하고는 절박한 상황에 몰리게 되었다. 이렇듯 식민통치 10년 동안 자본가, 농민, 노동자 등 사회구성의 모든 계층이 식민통치의 피해를 직접적으로 체감하게 되면서 민중들의 정치, 사회의식이 급격히 높아져 갔다.

1918년 1월 미국의 윌슨대통령이 전후처리를 위해 〈14개조평화원칙〉을 발표하고 민족자결주의를 제창했는데, 같은 해 말 만주 지린에서 망명 독립 운동가들이 무오독립선언을 통하여 조선의 독립을 주장하였고, 이는 조선 재일유학생을 중심으로 한 〈2・8 독립선언〉으로 이어졌다. 여기에 고종의 독살설이 불거지면서 그것이 계기가 되어 지식인과 종교인들이 조선독립의 불길을 지피게 되자, 삽시간에 거족적인 항일민족운동으로 확대되었고, 일제의 무단정치에 대한 조선인의 분노 역시 더욱 높아져갔다.

고종황제의 인산(因山, 국장)이 3월 3일로 결정되자, 손병희를 대표로 한 천도교, 기독교, 불교 등 종교단체의 지도자로 구성된 민족대표 33인은 많은 사람들이 서울에 모일 것을 예측하고, 3월 1일 정오를 기하여 파고다공원에 모여 〈독립선언서〉를 낭독한 후 인쇄물을 뿌리고 시위운동을 펴기로 하였으며, 각 지방에도 미리 조직을 짜고 독립선언서와 함께 운동의 방법과 날짜 등을 전달해두었다. 독립선언서와 일본정부에 대한 통고문, 그리고 미국대통령, 파리강화회의 대표들에게 보낼 의견서는 최남선이 기초하고, 제반 비용과 인쇄물은 천도교측이 맡아, 2월27일 밤 보성인쇄소에서 2만 1천장을 인쇄하여, 은밀히 전국 주요도시에 배포했다. 그리고 손병희 외 33명의 민족대표는 3월 1일 오후 2시 정각 인사동의 태화관(泰和館)에 모였다. 한용운의 〈독립선언서〉 낭독이 끝나자, 이들은 모두 만세삼창을 부른 후 경찰에 통고하여 자진 체포당했다.

한편, 파고다 공원에는 5천여 명의 학생들이 모인 가운데 정재용(鄭在鎔)이 팔각정에 올라가 독립선언서를 낭독하고 만세를 부른 후 시위에 나섰다. 이들의 시위행렬에 수많은 시민들이 가담하였다. 다음날에는 전국 방방곡곡에서 독립만세와 시위운동이 전개되었다. 이에 조선총독부는 군대와 경찰을 동원하여 비무장한 군중에게 무자비한 공격을 가했다. 그로인해 유관순을 비롯한 수많은 사람들이 학살되거나 부상당하였으며 투옥되는 참사가 벌어졌고, 민족대표를 위시한 지도자 47명은 내란죄로 기소되었다.

〈3 · 1운동〉 이후 전국적으로 퍼져나간 시위운동 상황에 대한 일본 측 발표를 보면, 집회회수 1,542회, 참가인원수 202만3,089명에 사망 7,509명, 부상 1만5,961명, 검거된 인원은 5만2,770명에 이르렀으며, 불탄 건물은 교회 47개소, 학교 2개교, 민가 715채에 달하였다 한다. 이 거족적인 독립운동은 일제의 잔인한 탄압으로 많은 희생자를 낸 채 목표를 달성하지는 못했지만, 국내외적으로 우리 민족의 독립정신을 선명히 드러낸 바가 되어, 우리 근대민족주의 운동의 시발점이 되었다. 이는 아시아의 다른 식민지 및 반식민지의 민족운동 등에도 영향을 끼쳤는데, 특히 중국의 〈5 · 4 운동〉, 인도의 무저항 배영(排英)운동인 〈제1차 사타그라하운동〉, 이집트의 반영자주운동, 터키의 민족운동 등 아시아 및 중동지역의 민족운동을 촉진

시킨 것으로 높이 평가되었다.

이처럼 3・1운동은 한국인들의 민족의식을 고취시키고 거국적인 독립운동을 촉진시켜 급기야 상해임시정부가 수립되는 성과를 얻게 되었으며, 대내적으로는 일제의 무단통치를 종결시키게 되는 계기가 된다.

3・1운동 이후의 조선총독정치의 재편과 문화통치의 실시에는 당시 일본 수상이었던 하라 다카시(原敬)의 아이디어가 많이 작용했다. 하라는 한반도에서의 독립만세운동 사건을 접한 후 조선통치방법에 변화의 필요성을 느끼고 조선총독부 관제를 개정함과 동시에 새로운 인사 조치를 단행했다. 그리하여 하세가와(長谷川)총독의 사표를 받고, 이어 제 3대 총독으로 사이토 미나토(斎藤實)를 임명하여 문화정치를 표방하면서 조선인의 감정을 무마하려고 하였다. 새로 부임한 사이토는 1919년 9월 3일 새로운 시정방침에 대한 훈시에서 "새로운 시정방침이 천황의 聖恩에 의한 것"이라고 전제하고 "內鮮人으로 하여금 항상 동포애로 相接하며 공동협력 할 것이며, 특히 조선인들은 심신을 연마하고 문화와 民力을 향상시키기를 바란다."[10] 고 했는데, 이때부터 총독의 공식적인 발언에서 '내선융화'라는 단어가 빈번하게 사용되었다. 이러한 식민지 융화정책의 일환으로 1919년 말에는 3面 1校制[11]를 내세워 조선인도 일본인과 동일하게 처우할 것임을 공언하였으며, 1920년에는 부분적으로 개정된 교육령(칙령 제19호)을 제시하여 〈일시동인〉의 서막을 열었다. 그리고 1922년 2월 교육령을 전면 개정하여 전문 32개조의 〈제2차 조선교육령〉을 공포하였는데, 이는 3・1 독립운동으로 대표되는 조선인의 저항에 따른 식민지교육의 궤도수정이었다 할 수 있겠다.

---

10) 조선총독부(1921),『朝鮮에 在한 新施政』, pp.54~56

11) 3面 1校制: 1919년에 실시된 것으로 3개의 面에 하나의 학교 설립을 의미한다. 이후 1929년 1面 1교제를 실시하게 되어 면 지역을 중심으로 학교가 급증하게 된다. 윤병석(2004),『3・1운동사』, 국학자료원 p.47

〈2차 교육령〉의 특기할만한 점은 '一視同仁'을 추구하기 위해 일본 본토의 교육제도에 준거하여 만들어졌다는 점이다. 따라서 교육제도와 수업연한 등에서 이전과는 다른 변화를 볼 수 있으며, 종래에 저급하게 짜였던 학교체계를 고쳐 사범교육과 대학교육을 첨가하고 보통 교육, 실업교육, 전문교육의 수업연한을 다소 높였음이 파악된다. 그러나 법령 제3조에서 '국어(일본어)를 상용하는 자와 그렇지 않은 자'를 구별하였으며, 종래와 같이 일본인을 위한 소학교와 조선인을 위한 보통학교를 여전히 존속시킴으로써 실질적으로는 민족차별을 조장하였음을 알 수 있다.

보통학교 교육에 대한 취지와 목적은 〈1차 교육령〉과 거의 동일하다. 이는 당시 조선총독부에서 제시한 신교육의 요지와 개정된 교육령의 항목에서 찾을 수 있다.

> 보통교육은 국민된 자격을 양성하는 데 있어 특히 긴요한 바로서 이 점에 있어서는 법령의 경개에 의하여 변동이 생길 이유가 없음은 물론이다. 즉 고래의 양풍미속을 존중하고 순량한 인격의 도야를 도모하며 나아가서는 사회에 봉사하는 념(念)을 두텁게 하여 동포 집목의 미풍을 함양하는데 힘쓰고 또 일본어에 숙달케 하는데 중점을 두며 근로애호의 정신을 기르고 흥업치산의 지조를 공고히 하게 하는 것을 신교육의 요지로 한다.[12]

> 보통학교는 아동의 신체적 발달에 유의하여, 이에 덕육을 실시하며, 생활에 필수한 보통의 지식 및 기능을 수여하여 국민으로서의 성격을 함양하고 국어를 습득시킬 것을 목적으로 한다.[13]

이처럼 〈2차 교육령〉에서의 보통학교 교육목적은 이전의 '충량한 신민

12) 조선총독부(1922), 「관보」, 1922. 2. 6
13) 〈제2차 조선교육령〉 제4조

의 육성'이라는 교육목표를 언급하고 있지는 않지만, 교육 목적에 있어서는 이전과 다를 바 없다. 생활에 필수적인 보통의 '지식과 기능'을 기른다고 명시함으로써 학교에서 가르쳐야 할 것을 생활의 '필요'에 한정하고 있으며, '국민으로서의 성격을 함양'하거나 '국어습득'을 강조함으로써 國語 즉 일본어를 습득시켜 일제의 충량한 신민을 양육하고자 하는 의도가 그대로 함축되어 있음을 알 수 있다.

### 2) 교과목과 수업시수

〈2차 교육령〉에서 이전의 교육령에 비해 눈에 띄게 변화된 점이 있다면 바로 보통학교의 수업연한이 6년제로 바뀐 점이다. 조선총독부는 이의 규정을 제5조에 두었는데, 그 조항을 살펴보면 "보통학교의 수업 연한은 6년으로 한다. 단 지역의 정황에 따라 5년 또는 4년으로 할 수 있다."[14]로 명시하여 지역 상황에 따른 수업연한의 유동성을 예시하였다. 이에 따른 교과목과 교육시수를 〈표 2〉로 정리하였다.

〈표 2〉 〈제2차 조선교육령〉 시기 보통학교 교과목 및 매주 교수시수

| 학제 | 4년제 보통학교 | | | | 5년제 보통학교 | | | | | 6년제 보통학교 | | | | | |
|---|---|---|---|---|---|---|---|---|---|---|---|---|---|---|---|
| 과목＼학년 | 1 | 2 | 3 | 4 | 1 | 2 | 3 | 4 | 5 | 1 | 2 | 3 | 4 | 5 | 6 |
| 수신 | 1 | 1 | 1 | 1 | 1 | 1 | 1 | 1 | 1 | 1 | 1 | 1 | 1 | 1 | 1 |
| 국어 | 10 | 12 | 12 | 12 | 10 | 12 | 12 | 12 | 9 | 10 | 12 | 12 | 12 | 9 | 9 |
| 조선어 | 4 | 4 | 3 | 3 | 4 | 4 | 3 | 3 | 3 | 4 | 4 | 3 | 3 | 3 | 3 |
| 산술 | 5 | 5 | 6 | 6 | 5 | 5 | 6 | 6 | 4 | 5 | 5 | 6 | 6 | 4 | 4 |
| 일본역사 | | | | | | | | | 5 | | | | | 2 | 2 |
| 지리 | | | | | | | | | | | | | | 2 | 2 |
| 이과 | | | | 3 | | | | 2 | 2 | | | | 2 | 2 | 2 |

14) 〈제2차 조선교육령〉 第5조

| | | | | | | | | | | | | | | | |
|---|---|---|---|---|---|---|---|---|---|---|---|---|---|---|---|
| 도화 | | | 1 | 1 | | | 1 | 1 | 2(남)<br>1(여) | | | | 1 | 2(남)<br>1(여) | 2(남)<br>1(여) |
| 창가<br>체조 | 3 | 3 | 1 | 1 | 3 | 3 | 1 | 1 | 1 | 3 | 3 | 3 | 1 | 1 | 1 |
| | | | 3(남)<br>2(여) | 3(남)<br>2(여) | | | 1 | 3(남)<br>2(여) | 3(남)<br>2(여) | | | | 3(남)<br>2(여) | 3(남)<br>2(여) | 3(남)<br>2(여) |
| 재봉 | | | 2 | 2 | | | | 2 | 3 | | | | 2 | 3 | 3 |
| 수공 | | | | | | | | | | | | | | | |
| 계 | 23 | 25 | 27(남)<br>28(여) | 27(남)<br>28(여) | 23 | 25 | 27 | 29(남)<br>31(여) | 30(남)<br>31(여) | 23 | 25 | 27 | 29(남)<br>30(여) | 29(남)<br>30(여) | 29(남)<br>30(여) |

〈2차 조선교육령〉 시행기는 〈1차 조선교육령〉 시행기에 비하여 '조선어 및 한문'이 '조선어'과목으로 되어 있으며, 수업시수가 이전에 비해 상당히 줄어든 반면, 國語(일본어)시간이 대폭 늘어났다. 주목되는 점은 '역사'와 '지리'과목을 별도로 신설하고 5, 6학년 과정에 배치하여 본격적으로 일본사와 일본지리를 교육하고자 하였음을 알 수 있다.

한편 4년제 보통학교의 경우 조선어 교과의 비중감소나 직업교과의 비중감소 등은 6년제와 유사하다. 그러나 5년제나 6년제와는 달리 역사, 지리 등의 교과가 개설되지 않았다는 점에서 이 시기의 4년제 보통학교는 '간이교육기관'의 성격을 띠고 있었음을 알 수 있다.

또한 조선총독부는 지속적으로 〈보통학교규정〉을 개정하였는데, 개정된 보통학교 규정의 주요 항목들을 살펴보면, 1923년 7월 31일 〈조선총독부령 제100호〉로 개정된 〈보통학교규정〉에서는 4년제 보통학교의 학과목의 학년별 교수정도와 매주 교수시수표상의 산술 과목 제4학년 과정에 '주산가감'을 첨가하도록 하였다. 또한 1926년 2월 26일 〈조선총독부령 제19호〉의 〈보통학교규정〉에서는 보통학교의 교과목을 다음과 같이 부분적으로 개정하였는데, ①제7조 제3항(4년제 보통학교는 농업, 상업, 한문은 가할 수 없음) 중 농업, 상업을 삭제하고 ②"수의과목이나 선택과목으로 한문을 가하는 경우 제5학년, 제6학년에서 이를 가하고 이의 매주 교수시수는 전항의 예에 의하는 것"으로 하였다. 그리고 1927년 3월 31일자 〈조선총독부령 제22호〉의 〈보통학교규정〉에서는 보통학교 교과목 중 '일본역사' 과목의 과목명을 '국사'로 바꾸었다.

한편 〈제2차 조선교육령〉에 나타난 '교수상의 주의사항'을 〈1차 조선교육령〉기와 비교해 볼 때, 국어(일본어) 사용과 관련된 기존의 항목만이 삭제되고 나머지는 거의 유사하다. 이와 같이 일본어 사용에 대한 명시적인 강조가 사라진 것은 1919년 독립운동 후 조선의 전반적인 사회분위기를 고려한 것으로 추정된다.

### 3) 관공립 사범학교의 초등교원 양성과정

강점초기의 관립사범학교로는 관립경성사범학교를 들 수 있는데, 이 학교는 조선총독부 사범학교였던 경성사범학교가 개편된 것으로, 1부는 소학교 교원을, 2부는 보통학교 교원을 양성하도록 하였다. 또한 '보통과'와 '연습과'를 설치하여 '보통과'는 5년(여자는4년), '연습과'는 1년의 수업 연한을 두었다.

'보통과'는 12세 이상의 심상소학교나 6년제 보통학교 졸업자, 중학교 또는 고등보통학교 재학자, 12세 이상으로 국어, 산술, 일본역사, 지리, 이과에 대하여 심상소학교 졸업 정도로, 시험에 합격한 자에게 입학 기회가 주어졌다. '연습과'는 보통과 졸업자 외에 문부성 사범학교 규정에 의한 사범학교 본과 졸업자, 중학교 혹은 고등여학교 졸업자, 고등보통학교 혹은 여자고등보통학교 졸업자, 실업학교 졸업자, 전문학교 입학자, 검정시험 합격자, 사범학교 연습과 입학자격시험 합격자에 한해서 입학할 수 있었다. 졸업 후에는 각 과정 중의 혜택에 따라 의무 복무 기간을 이행해야 했는데, '보통과'와 '연습과'를 거친 관비졸업자는 7년을, 사비졸업자는 3년을 보통학교나 소학교에서 근무해야 했으며, 또 '연습과'만을 거친 관비졸업자에게는 2년, 사비졸업자는 1년의 의무 복무기간을 부여하였다.

이처럼 강점초기에는 관립이나 공립사범학교라는 독립된 교원양성기관을 설치하여 식민지 교육목적에 합당한 교원으로 양성하려 하는 한편, 사범학교 이외의 교원양성과정에 의하여 교원을 선발하기도 하였다. 이러한 점은 교원의 선발기준에서 다양성을 보여줌으로써 장점으로 작용하기도 하였으나, 교원의 수준 격차라는 문제성을 드러내기도 하였다.

1922년에 〈2차 조선교육령〉이 공포된 이후 초등교원 양성에 관한 정책에도 변화가 일어난다. 조선총독부는 기존의 다양한 교원양성과정을 정리하고, 관공립사범학교를 위주로 하여 교원양성교육을 실시하도록 하였다.

공립사범학교는 1922년 〈제2차 조선교육령〉과 〈사범학교규정〉에 의해 1922년부터 1923년까지 12개 도에 공립특과사범학교 형태로 설치되었다. 공립사범학교의 특과에는 2년제 고등소학교 졸업자 또는 이와 동등 이상의 학력이 있는 자가 입학 할 수 있었다. 학년은 3학기로 나뉘어져 운영되었으며, 수업연한은 처음에는 2년이었다가 1924년부터 3년으로 연장되었다. 특과의 교과목으로는 수신, 교육, 국어, 역사, 지리, 수학, 이과, 도화, 수공, 음악, 체조, 농업, 조선어 및 한문이 부과되었다. 생도에게는 학자금과 기숙사가 제공되었는데 이러한 혜택은 복무 의무와도 연결되어 3년제 특과 관비 졸업자는 4년의 의무 복무 기간을, 2년제 관비 졸업자는 3년, 특과 사비 졸업자는 2년의 복무 기간을 이행해야 했다. 그럼에도 이러한 조치와는 별도로 관립중등학교에 부설했던 사범과를 1925년까지 계속 유지시켰는데, 이는 부족한 초등교원을 양산하기 위한 것이었음을 알 수 있다.

한편 교원의 직급과 그 자격시험에 관한 내용은 1911년 10월에 내려진 〈조선총독부령 제88호〉에 제시되어 있는데, 그 내용을 살펴보면 교원의 직급은 교장, 교감, 훈도, 부훈도, 대용교원, 강사로 되어 있다. 그리고 자격시험을 3종으로 나누어, 제1종은 소학교 및 보통학교의 훈도, 제2종은 보통학교 훈도, 제3종은 보통학교 부훈도에 임명함을 명시하고 있다. 이 때 제2종과 제3종 시험은 조선인만 치를 수 있었으며, 제3종 시험 교과목은 수신, 교육, 국어, 조선어 급 한문, 산술, 이과, 체조, 도화, 실업(여자의 경우 재봉 및 수예, 남자의 경우 농업, 상업 중 1과목)으로 하였다.15)

〈2차 조선교육령〉 기간 동안은 교원자격시험에도 간간히 변화가 있었는데, 1922년 4월 8일 〈조선총독부령 제58호〉에 의한 변화로는, 시험은 종전과 같이 3종으로 나누었고, 제1종 시험과목 및 그 정도는 남자에 있어서는 사범학교 남생도, 여자에 있어서는 사범학교 여생도에 관한 학과목 및 그 정도에 준하는 정도로 하였다. 또한 소학교 교원자격을 가진 자에게는 '영어' 및 '조선어' 과목을 부가하고, 보통학교 교원자격을 가진 자에게는 '영어'와 '농업' 혹은 '상업'과목을 부가하였다. 제2종 시험의 시험과목 및 그 정도는 남자에게는 사범학교 특과 남생도에, 여자에게는 사범학교 특과 여생도에 부과한 학과목 및 그 정도에 준하도록 하였으며, 그 중 소학교 교원자격을 가진 자는 '조선어'와 '농업' 혹은 '상업'과목에서 선택하도록 하였다. 제3종 시험은 국어(일본어) 상용자로, 한국인에 한하여 치르도록 하였는데, 제3종 시험에 급제한 자에게 제2종 시험을 치를 수 있게 하고, 제2종 시험에 급제한 자에게는 제1종 시험을 치를 수 있는 자격을 주었다.16)

교원자격시험과 관련된 정책은 이듬해인 1923년에 다시 한 번 개정된다. 제1종 시험은 조선총독부에서, 제2종, 제3종 시험은 각 도에서 시행하도록 하였는데, 일본인 교원임용과 관련된 사항은 조선총독부에서 행하고, 한국인 교원임용과 관련된 사항은 각 도에서 행하도록 한 것이다.17) 이러한 정책은 더 확장되어 1925년에는 제1종에서 제3종까지 모든 교원시험과 관

15) 조선총독부(1911), 「관보」, 1911.10.
16) 김경자 외 공저(2005), 앞의 책, pp.185~186 참조.
17) 조선총독부(1923), 「관보」, 1923.4.18.

련된 정책 권한을 각 도로 이양[18]하게 된다.

## 4. 第二期『普通學教國語讀本』의 표기 및 배열

第二期『普通學教國語讀本』은 3 · 1운동 이후 문화정치를 표방하면서 일본 본토의 교육과 차별 없이 실시한다는 〈일시동인〉에 중점을 둔 일제의 식민지 교육정책에 의하여 1923년부터 1924년에 걸쳐 모두 8권이 편찬되게 된다.

이의 편찬을 담당한 사람은 당시 조선총독부 학무국 소속 교과서 편수관으로 일본 국정교과서 편찬에도 참여했던 아시다 에노스케(芦田惠之助)였다. 아시다는 당시 조선총독 사이토가 공포한 〈2차 조선교육령〉의 취지에 입각하여 '內鮮融和'의 길을 다양한 방법으로 모색하여 교과서에 반영하였기 때문에, 第二期『普通學教國語讀本』에는 '內鮮融和'라는 추상적 이미지의 실체가 상당히 구체적으로 제시되어 있음이 파악된다.

〈제2차 조선교육령〉의 획기적인 변화는 내지연장주의 교육이라는 틀 아래 일본의 소학교와 동일한 학제를 유지하기 위하여 보통학교 학제를 6년제로 개편한 점이다. 그런데 학제개편에 따른 교과서 출판이 원활하지 못한 관계로 조선총독부에서 편찬한 교과서는 1～4학년용 8권만이 출판되었으며, 5～6학년 교과서는 급한 대로 문부성 발간『尋常小學國語讀本』을 그대로 가져와 사용하게 되었다. 이에 대한 출판사항은 〈표 3〉과 같다.

---

18) 조선총독부(1925),「관보」, 1925.12.23.

〈표 3〉〈제2차 교육령〉시기에 교육된 日本語教科書의 출판사항

| 朝鮮總督府　第三期　『普通學校國語讀本』1930～1935년 | | | | | | | |
|---|---|---|---|---|---|---|---|
| 卷數 | 출판 년도 | 사이즈 | | 課 | 頁 | 정가 | 학년 학기 |
| | | 縱 | 橫 | | | | |
| 卷一 | 1930 | 22 | 15 | | 59 | 12錢 | 1학년 1학기 |
| 卷二 | 1930 | 22 | 15 | 26 | 79 | 13錢 | 1학년 2학기 |
| 卷三 | 1931 | 22 | 15 | 27 | 99 | 13錢 | 2학년 1학기 |
| 卷四 | 1931 | 22 | 15 | 25 | 104 | 13錢 | 2학년 2학기 |
| 卷五 | 1932 | 22 | 15 | 26 | 110 | 14錢 | 3학년 1학기 |
| 卷六 | 1932 | 22 | 15 | 25 | 107 | 14錢 | 3학년 2학기 |
| 卷七 | 1933 | 22 | 15 | 25 | 112 | 15錢 | 4학년 1학기 |
| 卷八 | 1933 | 22 | 15 | 26 | 130 | 15錢 | 4학년 2학기 |
| 卷九 | 1934 | 22 | 15 | 24 | 130 | 16錢 | 5학년 1학기 |
| 卷十 | 1934 | 22 | 15 | 24 | 138 | 16錢 | 5학년 2학기 |
| 卷十一 | 1935 | 22 | 15 | 24 | 127 | 16錢 | 6학년 1학기 |
| 卷十二 | 1935 | 22 | 15 | 28 | 140 | 16錢 | 5학년 2학기 |
| 계 | | | | | 1335 | | |

〈표 3〉에서 알 수 있듯이 〈제2차 교육령〉시기에 교육된 '國語(일본어)'교과서는 조선총독부 발간 『普通學校國語讀本』이 1학년부터 4학년까지 8권으로 되어 있으며, 문부성 발간 『尋常小學國語讀本』은 5학년부터 6학년까지 4권으로 되어있다.

1911년에 제정된 〈普通學校施行規則〉에 의해 1913년부터는 신규편찬(新規編纂)의 교과서에 대해서는 자비구입이라는 원칙에 따라 第二期『普通學校國語讀本』의 가격은 13錢~18錢으로 책정이 되어 있다. 이는 第一期『普通學校國語讀本』이 각 6錢의 저가로 보급했던데 비해, 대한제국기 學部편찬 교과서의 가격(각 12錢)으로 회귀한 면을 보인다. 뿐만 아니라 第二期『普通學校國語讀本』은 〈표 3〉과 같이 학년에 차등을 두어 지면의 양에 비례하여 실비로 공급한 듯한 인상을 풍긴다. 이러한 점은 문부성 발간 『尋常小學

國語讀本』이 무상인 것과 묘한 대조를 이룬다.

第二期『普通學校國語讀本』의 특징은, 第一期와 마찬가지로 띄어쓰기가 없는 일본어 표기에서 저학년(1, 2학년)용에 띄어쓰기가 채용된 점이다. 이는 역시 모어(母語)를 달리하는 조선 아동이 처음 일본어로 된 교과서에 쉽게 접근할 수 있게 하기 위함이었을 것이다.

第二期『普通學校國語讀本』은 그 구성면에서 第一期에 비해 유화적인 면을 엿볼 수 있다. 먼저 삽화를 보면 군복차림의 선생님을 제시하여 위압적인 분위기를 조장하였던 1기에 비해, 2기에서는 모두 말쑥한 양복차림으로 등장하여 한층 유화적인 분위기로 변화하였다. 또한 일장기의 등장 횟수도 1기의 10회였던 것에 비해, 2기에는 3회에 그치는 것으로 사뭇 변화된 모습을 보이고 있다. 그리고 당시 총독부 학무국의 "조선에서 조선인을 교육할 교과서는 조선이라는 무대를 배경으로 하여야 함이 당연하다."[19]는 편찬방침에 따라 조선의 민화와 전설, 그리고 조선의 衣食住를 들어 채택하였으며, 삽화의 배경에 있어서도 조선의 것이 채택되었는데, 예를 들면 한복, 초가지붕, 민속놀이, 갓을 쓴 선비, 조선의 장독대, 그리고 일반 민중이 주로 이용하는 5일장의 모습을 교과서에 실음으로써 친근감을 유발하였다.

第二期『普通學校國語讀本』에는 당시 식민지 교육정책이 그대로 반영되어 '일시동인'과 '내지연장주의'에 의한 동화정책을 꾀하는 한편 내부적으로는 실업교육을 강조하고 있었다. 때문에 '國語'교과서의 특성상 당연히 지배국의 언어교육에 중점을 두어 국체의 이식을 꾀하였으며, 여기에 국민으로서의 성격함양을 추구하는 내용을 여러 각도로 제시하여 동화교육을 실행해 나가는 한편, 실생활에 必修한 실용교육을 가정 및 사회생활 교육과 농업, 공업, 상업 등으로 연결되는 실업교육에 관련된 내용을 수록함으로써 식민지 교육목적에 부합하는 국민양성에 힘썼음을 알 수 있다.

---

19) 조선총독부(1923), 『조선교육례개정에따른신교과용도서편찬방침』, p.17

## 5. 보통학교 교과서와 교육상의 지침

1914년 일제가 제시한 보통학교 교과서 편찬의 일반방침은 앞서 제정, 선포되었던「敎授上의 注意 幷 字句訂正表」의 지침을 반영하고 기본적으로 〈조선교육령〉과 〈보통학교규칙〉에 근거를 둔 것이었다. 이에 따라 교과서 기술에 있어서도「朝鮮語及漢文」을 제외하고는 모두 일본어(國語)[20]로 통합하여 기술하였고, 1911년 8월에 조선총독부가 편찬한『국어교수법』이나, 1917년에 주로 논의되었던 교육상의 교수지침에서도 '풍속교화를 통한 충량한 제국신민의 자질과 품성을 갖추게 하는 것임'을 명시하여 초등교육을 통하여 충량한 신민으로 교화시켜나가려 하였다.

1906년부터 조선어, 수신, 한문, 일본어 과목의 주당 수업시수를 비교해 놓은 〈표 4〉에서 알 수 있듯이, 수업시수는 1917년 일본어 10시간에, 조선어(한문) 5～6시간이었던 것이, 1938～1941년에는 수신 2시간, 일본어 9～12시간, 조선어 2～4시간으로 바뀌었으며, 이때의 조선어는 선택과목이었다. 그러다가 1941～1945년에는 조선어가 아예 누락되고 수신(국민도덕 포함) 및 일본어가 9～12시간으로 되어 있다. 이는 일본이 태평양전쟁을 전후하여 창씨개명과 징병제도를 실시하면서 민족말살정책을 점차 심화시켜 가는 과정으로 이해될 수 있다.

각 시기에 따른 학년별, 과목별 주당 수업시수는 〈표 4〉와 같다.

---

20) 일본어가 보급되기까지 사립학교 생도용으로 수신서, 농업서 등에 한하여 별도로 朝鮮譯書로 함

〈표 4〉 조선에서의 수신 · 조선어 · 한문 · 일본어의 주당 수업시수

| 학년 | 통감부(1907) | | | | 제1기(1911) | | | 제2기(1922) | | | 제3기(1929) | | | 제4기(1938) | | | 제5기(1941) |
|---|---|---|---|---|---|---|---|---|---|---|---|---|---|---|---|---|---|
| | 수신 | 조선어 | 한문 | 일어 | 수신 | 국어(일어) | 조선어 및 한문 | 수신 | 국어(일어) | 조선어 | 수신 | 국어(일어) | 조선어 | 수신 | 국어(일어) | 조선어 | 국민과(수신 / 국어) |
| 제1학년 | 1 | 6 | 4 | 6 | 1 | 10 | 6 | 1 | 10 | 4 | 1 | 10 | 5 | 2 | 10 | 4 | 11 |
| 제2학년 | 1 | 6 | 4 | 6 | 1 | 10 | 6 | 1 | 12 | 4 | 1 | 12 | 5 | 2 | 12 | 3 | 12 |
| 제3학년 | 1 | 6 | 4 | 6 | 1 | 10 | 5 | 1 | 12 | 3 | 1 | 12 | 3 | 2 | 12 | 3 | 2 / 9 |
| 제4학년 | 1 | 6 | 4 | 6 | 1 | 10 | 5 | 1 | 12 | 3 | 1 | 12 | 3 | 2 | 12 | 2 | 2 / 8 |
| 제5학년 | | | | | | | | 1 | 9 | 3 | 1 | 9 | 2 | 2 | 9 | 2 | 2 / 7 |
| 제6학년 | | | | | | | | 1 | 9 | 3 | 1 | 9 | 2 | 2 | 9 | 2 | 2 / 7 |
| 합계 | 4 | 24 | 16 | 24 | 4 | 40 | 22 | 6 | 64 | 20 | 6 | 64 | 20 | 12 | 64 | 16 | 62 |

* 제1기(보통학교시행규칙, 1911. 10. 20), 제2기(보통학교시행규정, 1922. 2. 15), 제3기(보통학교시행규정, 1929. 6. 20), 제4기(소학교시행규정, 1938. 3. 15), 제5기(국민학교시행규정, 1941. 3. 31)

초등학교에는 合科的 성격의 「國民科」, 「理數科」, 「體鍊科」, 「藝能科」, 「實業科」라는 5개의 교과가 있었는데, 그 중의 「國民科」는 修身, 國語, 國史, 地理의 4과목으로 이루어져 있다. 國語, 國史, 地理의 合本的 텍스트로 「國民科」의 4분의 3을 입력한 교과서 『普通學校國語讀本』의 내용 역시 「修身」 교과서와 같이 품성의 도야, 국민성 함양을 목표로 하고 있다. 또한 「朝鮮語 及 漢文」 과목의 교재도 『普通學校國語讀本』과 마찬가지로 일본천황의 신민에 합당한 국민성을 함양케 하는 데 치중하고 도덕을 가르치며 상식을 알게 할 것에 교수목표를 두고 있다.

朝鮮統監府 및 朝鮮總督府의 관리하에 편찬 발행하여 조선인에게 교육했던 일본어 교과서를 '統監府期'와 '日帝强占期'로 대별하고, 다시 日帝强占期를 '1期에서 5期'로 분류하여 '敎科書名, 編纂年度, 卷數, 初等學校名, 編纂處' 등을 〈표 5〉로 정리하였다.

〈표 5〉 朝鮮統監府, 日帝强占期 朝鮮에서 사용한 日本語敎科書

| 區分 | 期數別 日本語敎科書 名稱 | | | | 編纂年度 및 卷數 | 初等學校名 | 編纂處 |
|---|---|---|---|---|---|---|---|
| 統監府期 | 普通學校學徒用 日語讀本 | | | | 1907~1908 全8卷 | 普通學校 | 大韓帝國 學部 |
| 日帝强占期 | 訂正 普通學校學徒用國語讀本 | | | | 1911. 3. 15 全8卷 | 普通學校 | 朝鮮總督府 |
| | 一期 | 普通學校國語讀本 | | | 1912~1915 全8卷 | 普通學校 | 朝鮮總督府 |
| | | 改正普通學校國語讀本 | | | 1918 全8卷 | | |
| | **二期** | **普通學校國語讀本** | | | **1923~1924 全12卷** | **普通學校** | **(1~8)朝鮮總督府<br>(9~12)日本文部省** |
| | 三期 | 普通學校國語讀本 | | | 1930~1935 全12卷 | 普通學校 | 朝鮮總督府 |
| | 四期 | 初等國語讀本<br>小學國語讀本 | | | 1939~1941 全12卷 | 小學校 | (1~6)朝鮮總督府<br>(7~12)日本文部省 |
| | 五期 | ヨミカタ | 1~2학년 | 4권 | 1942 1~4卷 | 國民學校 | 朝鮮總督府 |
| | | 初等國語 | 3~6학년 | 8권 | 1942~1944 5~12卷 | | |

第二期 『普通學校國語讀本』은 문화정치를 표방한 초등교육의 텍스트였지만 일제의 정치적 목적에 의해 편찬된 第一期 『普通學校國語讀本』과 크게 다르지 않은 초등교과서로, 조선인을 일제가 의도하는 천황의 신민으로 육성하는 것을 목표로 편찬된 초등학교용 교과서라 할 수 있을 것이다.

2014년 2월

전남대학교 일어일문학과 김순전

조선총독부 편찬 (1923~1924)

# 『普通學校國語讀本』

## 第二期 한글번역 卷7

4학년 1학기

普通學校

# 國語讀本

卷七

# 조선총독부 편찬(1923~1924)
# 『普通學校 國語讀本』第二期 한글번역 巻7

목록

## 제1 학급회의

| | |
|---|---|
| 級會(kyuukai)<br>送(sou)<br>回(kai)<br>遠足(ensoku) | 학급회의가 생긴 것은 3학년 2학기였습니다.<br>박 군이 전학갈 때 송별회를 열었던 것이 제 1 회이며, 그로부터는 가끔 대화 시간을 갖거나 소풍을 가거나 했습니다.<br>4학년이 되어서 얼마 전 처음으로 학급회의를 열었습니다. 그 때 선생님이<br>"학급회의도 지금까지 여러 가지 일을 해왔습니다만, 금년에는 각자가 날마다 해야 하는 일을 어떻게 하면 훌륭히 해낼 수 있을지를 생각해 보고자 합니다." |

| | |
|---|---|
| 之(kore)<br>科(ka)<br>教室(kyousitsu)<br>清(sei) | 라고 말씀하셨습니다. 모두 이를 듣고 각자 생각을 이야기했습니다만, 대체적으로 학과목에 관한 것이었습니다. 선생님은<br>"학과목도 중요하지만, 그 외에 중요한 일들이 얼마든지 있습니다. 교실 청소, 신발 정돈 등은 여러분이 매일 해야 하는 일입니다. 학용품 정리나 신발 닦기, 손발을 청결히 하는 일 등은 스스로 해야 하는 일입니다."<br>라고 말씀하셨습니다. 그러자 슬며시 자신의 |

| | |
|---|---|
| 復(huku) | 책상을 열어 본 사람이 있었습니다. 더러워진 손을 신경 쓰는 사람도 있었습니다. 선생님은 웃으면서<br>"자신의 손발이나 책상 속이 언제나 걱정되지 않도록 깨끗하게 해 두지 않겠습니까?"<br>라고 말씀하셔서 모두들 웃었습니다.<br>"여러분 선생님 말씀대로 합시다."<br>라고 옥순이가 말했습니다. 그러자 누군가가<br>"큰일이야. 그렇게 하다보면 복습이나 예습할 시간이 없어져. 놀 시간도 조금은 필요하니까 말이야!" |

| | |
|---|---|
| 貞童(정동) | 라고 말했습니다. 정동이가<br>"나는 이제껏 무슨 일이든 내팽개쳐 두곤 해서 자신의 일을 스스로 하는 것은 힘들다고 생각하지만, 매일 마음먹고 있다면 짧은 시간 에 훌륭히 해낼 수 있을거야."<br>라고 했습니다.<br>그렇게 해서 학급회의의 안건이 결론났습니다. 그래서 이제부터 실행하기로 했습니다. |

# 제2 문어문(文語文)

| | |
|---|---|
| 文語(bungo)<br>蜂(hachi)<br>親(shita)<br>蝶(chou) | **○ 진달래**<br><br>요즘 너댓새 동안 부는 바람이 따뜻하다. 꽃밭의 진달래 봉오리가 갑자기 커졌다. 오늘 아침에 보니 꽃이 다섯 송이 피었다. 모란 색으로 아름답다. 스산했던 꽃밭도 이 꽃 때문에 환해졌다. 벌 한 마리가 날아와 꽃에 앉는다. 꽃과 곤충은 친한 친구이다. 이윽고 나비도 와서 춤을 추겠지. |

| | |
|---|---|
| 洗(sen)<br>器(ki) | ○ 물<br><br>아버지가 아들을 불러 "세숫대야의 물을 버려라."하고 말했다. 아들이 물을 하수구에 버리자 아버지가 꾸짖으며 "조심해!"라고 한다. 아들이 그 까닭을 묻자, "버리는 물에도 그 쓰임새가 있어. 이것을 마당에 뿌리면 먼지가 일지 않고, 초목에 주면 풀과 나무가 기뻐하지. 아무리 하찮은 것이라도 활용하여 이용할 수 있는 길은 있는 것이야."라고 가르쳤다. |

## 제3 세계

| | |
|---|---|
| 住(su)<br>形(katachi)<br>球(tama)<br>如(goto)<br>球(kyuu) | 우리들이 사는 세계는 그 모양이 둥글어서 공과 같다. 그래서 지구라 한다.<br>지구의 표면에는 바다와 육지가 있고, 바다의 넓이는 육지의 거의 두 배 반이다. |

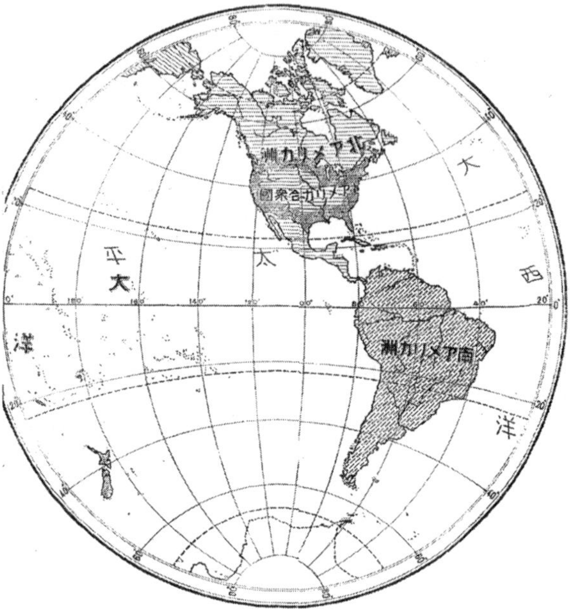
北アメリカ洲
アメリカ合衆國
南アメリカ洲
太平洋
大西洋

ヨーロッパ洲
アジヤ洲
アフリカ洲
大日本帝國
大西洋
印度洋

| | |
|---|---|
| 分(wa)<br>帝(tei)<br>衆(syuu) | 바다를 태평양, 대서양, 인도양으로 구분하고 육지를 아시아 주, 유럽 주, 아프리카 주, 남아메리카 주, 북아메리카 주 및 대양주로 구분한다.<br>우리 대일본제국은 아시아 주의 동부에 있다.<br>지구상에는 대소 합하여 60여 개국이 있다. 그 중 우리 대일본제국과 영국, 프랑스, 이탈리아 및 아메리카합중국을 세계 5대 강국이라 한다. |

## 제4 복사꽃

| | |
|---|---|
| 巣(su)<br>首(kubi) | 1<br>둥지에 달걀을 낳아 놓고<br>스스로 놀라는 암탉의 소리<br>다른 암탉들도 목을 늘어뜨리고<br>일제히 소리 지르는 닭장의 소동<br>2<br>닭장에 닭들의 소동이 멈추자 온마을이 갑자기 조용해진다. |

| | |
|---|---|
| 桃(momo) | <br>뜰 앞의 복사꽃이 새빨갛게 피고 둥지에 놓여있는 달걀 한 개<br>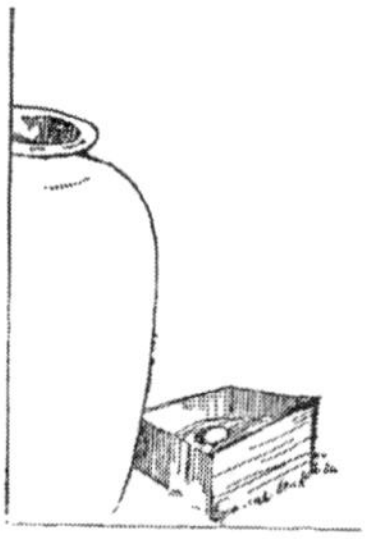 |

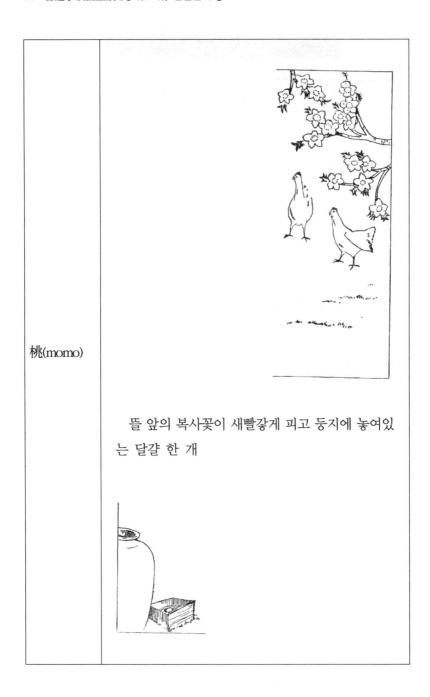

## 제5 두 개의 힘

| | |
|---|---|
| 柳(yanagi)<br>綠(midori)<br>船頭(sendou)<br>骨(hone) | 나는 어제 강가에서 반나절을 놀았습니다. 강가 양쪽의 어린 풀은 푸르고 버드나무의 어린잎은 녹음이 짙어져 눈이 번쩍 뜨이는 것 같았습니다. 산의 눈이 녹은 탓인지 강물이 많이 불어나 있었습니다.<br>나룻터 뱃사공이 "이렇게 물살이 세면 힘이 들어."하고 혼잣말처럼 중얼거리고 있었습니다. 나는 사공이 몇 번인가 사람을 건네주고는 다시 태우고 오는 것을 보고 있었습니다. |

限(kagi)
向(kou)
文(mo)
切(ki)

사공은 갈 때나 올 때나 뱃머리를 비스듬히 위로 향하여 힘껏 젓고 있습니다.

저 정도 힘을 넣어 저 방향으로 저으면 배는 비스듬히 나아가야 하는데도 강을 일자로 가로질러 갑니다.

강을 오르내리고 있는 다른 배들을 보니, 올라가는 배는 모두 양 기슭을 따라서, 내려가는 배는 강 한 가운데로 나아가고 있습니다.

| | |
|---|---|
| 輕(karu)<br>射(i) | 더욱 자세히 보니 올라가는 배는 사공이 몇 사람과  힘을 합하여 젓고 있지만 더디게 나아가고, 내려가는 배는 한 두 사람이 노를 가볍게 다루고 있는데도 쏜살같이 나아갑니다. 나는 왜 그럴까 하고 생각했습니다.<br>그러던 중 나는 문득 "강물이 밀어내는 힘과  사람이 노 젓는 힘이, 하나의 배에 작용하기 때문은 아닐까"하는 생각이 들었습니다. |

| | |
|---|---|
| | 또 여러 가지로 생각해 보니 나룻배를 비스듬하게 위로 향하여 젓는 이유도, 올라가는 배가 양쪽 기슭을 따라 가고, 내려가는 배가 강 한 가운데로 가는 이유도 알게 되었습니다. 나는 기뻐 어쩔 줄 몰랐습니다. |

# 제6 이탄지(李坦之)

| | |
|---|---|
| 野(ya)<br>兵(hei)<br>用(mochi)<br>退(shirizo)<br>軍(gun)<br>攻(se) | 지금으로부터 800년 정도 옛날에 여진과 고려가 함흥평야에서 싸운 적이 있었다.<br>고려의 장수 윤관은 능숙하게 병사들을 지휘하여 여진을 북방으로 물리쳤다. 그리하여 함흥 수비를 위해 아홉 개의 성을 쌓았다. 이듬해 여진은 또다시 대군을 이끌고 갑자기 웅주성을 공격하여 에워쌌다.<br> |

| | |
|---|---|
| 立(ritsu)<br>攻(kou)<br>病(yamai)<br>込(komi) | 웅주성은 아홉 개 성 중에서 가장 동쪽에 있어서 다른 성과의 연락이 불편하여 완전히 고립된 상태가 되었다. 적의 공격은 나날이 거세지는데 아군의 원병은 언제 올 지 알 수 없었다. 웅주성은 시시각각으로 위험해질 뿐이었다.<br>이때 성에 있는 병사 중에 이연후(李延厚)라는 자가 있었다. 적에 포위되었을 때부터 병에 걸려 점점 병세가 깊어갔다. 도저히 회복될 기미가 없어서, 아들 탄지를 단 한 번이라도 보고 싶다는 생각만을 계속 하고 있었다. |

| | |
|---|---|
| 開(kai)<br>直(tada) | 탄지는 그 무렵 개성에 있었는데 아버지가 있는 웅주성이 위험하다고 듣고 걱정이 되어 어찌할 바를 몰랐다. 바로 개성을 출발하여 서둘러 정주(定州)까지 왔다. 이곳에서 처음으로 아버지의 병세가 위중하다는 소식을 들었다. 탄지는 이제는 한시라도 지체할 수가 없었다. 곧바로 운송선을 타고 서호진(西湖津)에 도착했다. |

| | |
|---|---|
| 夢(mu)<br>幸(saiwai)<br>夢(yume) | 탄지는 오십리 산길을 밤중에 달려갔다. 그저 아버지의 몸을 걱정하는 일념으로 정신이 없었다. 다행히 적에게 발각되지 않고 마침내 성의 남문에 다다랐다. 안내 받아 아버지와 대면했다. 아버지는 너무나도 기쁜 나머지 꿈은 아닌가 하고 놀랐다.<br>잠시 후 아버지는 탄지의 손을 잡고 "살아서 너를 만날 수 있어서 이제는 이 세상에 미련은 없구나. |

| | |
|---|---|
| 白骨<br>(hakkotsu)<br>遺(i) | 나는 백골이 되더라도 고향에 돌아갈 수 있어."하고 기뻐했다. 탄지는 여러 가지로 위로도 하고 병수발도 들었지만, 그 사이에 아버지의 병세가 악화되어 그날 밤 마침내 돌아가셨다.<br>탄지는 슬픈 중에도 아버지의 임종을 할 수 있었던 것을 기뻐했다. 밤이 깊어지기를 기다려 아버지의 유해를 화장하여 유골을 짊어지고 성을 나왔다. |

| | |
|---|---|
| 厚(atsu)<br>誠(makoto) | 다시 적진을 뚫고나와 해안을 따라 도련포(都連浦)까지 빠져나왔다.<br>그 후 탄지는 개성으로 돌아가 정성껏 아버지를 장사지냈다. 당시 사람들은 효자의 정성이 하늘에 통한 것이라고 전하였다. |

# 제7 사과밭

이 사과 과수원은 6000평 남짓입니다. 나는 저 움막같은 집에 몇 사람이서 살고 있는데, 내가 키운 나무에 둘러싸여 있는 것은 기분 좋은 일입니다. 과수원에서 일하고 있으면 저에게는 일 년 내내 불쾌한 날은 없습니다.

1월도 14, 5일이 되면 따뜻한 햇볕 속에서 한 시간 정도는 가지치기를 합니다. 이때 잎을 휘감고 있는 해충을 잡습니다.

2월도 1월과 같은 일이지만 지면이 얼어 있는 가운데 비료를 운반해 둡니다.

林(rin)
働(hatara)
愉(yu)
凍(koo)
肥料(hiryou)

| | |
|---|---|
| 洗(ara)<br>砲(hou)<br>春耕(syunkou)<br>終(o)<br>最(motto)<br>多少(tashou) | 3월로 들어서면 나무껍질을 잿물로 씻어 싹이 트기 전에 병을 예방합니다. 날씨가 따뜻해져서 하늘소 유충이 껍질 사이에 모여 있는 것을 찾아 죽입니다.<br>4월에는 봄갈이를 끝내고 풀을 뽑습니다. 가지치기도 해 둡니다. 가지치기는 우리들이 가장 신경을 쓰는 작업으로 수익의 많고 적음은 완전히 이것에 의해 정해집니다. |

| | |
|---|---|
| 總(sou)<br>雨期(uki)<br>液(eki)<br>先(ma) | <br>5월에 들어 꽃이 피기 시작하면 가족이 모두 나서서 꽃에 붙은 벌레를 잡습니다. 꽃이 지면 비료를 뿌려 둡니다.<br>7월의 우기가 되기 전에 살균제로 두세 번 소독합니다. 우기가 지난 다음에도 한 차례 소독합니다. 이렇게 해 두면 우선 안심입니다. |

| | |
|---|---|
| 果(ka)<br>常(tsune)<br>注(tyuu)<br>光(kou) | 과실이 작은 자두 만큼 크면 튼튼한 열매를 남기고 나머지는 따 버립니다. 그런 후 봉투를 씌웁니다. 이 작업이 끝나면 새로난 가지를 치거나 가지 모양을 잡아 주기도 합니다. 항상 조심하여 풀뽑기를 합니다.<br>7월에 익는 사과도 있지만 아사히(旭)라는 품종은 9월에, 홍옥(紅玉)과 국광(國光)은 10월, 11월에 익습니다. 봉투를 벗겨 햇볕에 쪼이면 착색이 됩니다. 이렇게 되면 사과밭이 활기를 띱니다. |

| | |
|---|---|
| 市(ichi)<br>樹(zyu)<br>明(myou)<br>廻(ma)<br>當(ate) | 따서 시장에 내거나 저장합니다. 이 무렵 낙엽을 긁어모아 태우는 것은 과수원에서는 중요한 일입니다.<br>12월에는 차분히 금년 실적을 돌아보며 내년 계획을 세웁니다.<br>제가 이 과수원을 시작한 지 10년 남짓 됩니다. 아침마다 과수원을 돌아보지 않은 날은 없습니다. 그리하여 병에 걸린 나무나 벌레가 먹는 나무는 곧바로 돌봐 줍니다. |

## 제8 조선의 소

조선의 가축 중에서 가장 중요한 것은 소다.

조선의 소는 대체적으로 털 색깔이 붉다. 몸집이 크고 튼튼하다. 성질은 매우 온순하고 인내심이 강하다. 아무거나 잘 먹어서 사육하기 쉽다.

조선에서는 경작하는 데 대부분 소를 사용한다. 북쪽 지방에서 두 마리를 한꺼번에 부리는 것도 흥미롭다. 또한 지방에 따라서 수레를 끌게 하고 짐을 지게 하는 곳도 있다.

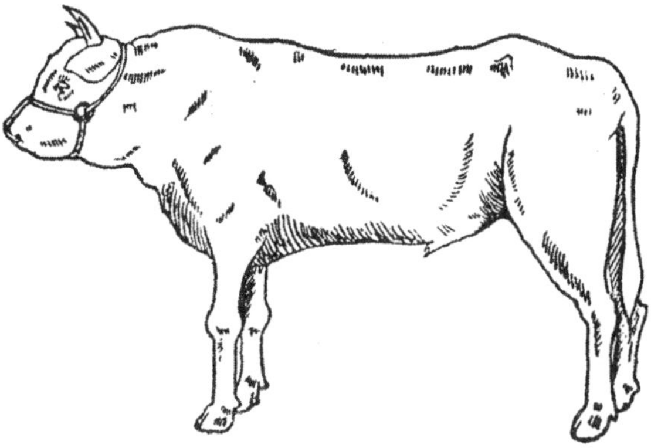

畜(chiku)
重要(zyuuyou)
體(体)(karada)
健(ken)
溫(on)
故(yue)
負(o)

| | |
|---|---|
| 移(i)<br>適(teki)<br>良(ryou)<br>夫(huu) | 조선의 소는 육우로서도 뛰어나다. 매년 경작하는 소나 육우로서 내지로 반출되는 것이 5만 마리에 이른다고 한다. 조선의 소는 품종이 좋고 조선의 기후 · 풍토도 소에 적합하다. 만일 사육에 주의하고 품종 개량을 연구하면 더욱 우수한 품종을 생산할 수 있을 것이다. |

# 제9 소를 사기까지

| | |
|---|---|
| 片(kata)<br>貧(mazu)<br>壯(sou)<br>幸福<br>(kouhuku) | 나는 외진 시골에서 태어난 사람입니다. 집은 매우 가난하여 약간의 소작을 하고 있습니다. 그러나 나는 부모가 건강하여 일을 잘해 주시는 것, 내가 건강하게 태어난 것, 여동생이 하나 있다는 것 등을 항상 행복하게 생각하고 있습니다.<br>내가 열 두 살 때 어느 날 아버지가 논에서 돌아와 "소 없이 소작하는 것은 고생스럽다."고 참으로 힘든 것처럼 말씀하셨습니다. |

| | |
|---|---|
| 楽(raku)<br>望(nozomi)<br>郡(gun) | 이 말을 들은 나는 어떻게 해서라도 소를 사서 조금이라도 아버지를 편하게 해 드리고자 생각했습니다. 그 후로는 매일 아침 일찍 일어나 열심히 일 하였습니다만 목돈을 만들 가능성이 보이지 않았습니다. 이래서는 언제 그 희망이 달성될 것인가하고 스스로도 불안하게 생각하고 있었습니다.<br>그 무렵 군청에서 양계를 장려하게 되어 희망자에게는 개량종 병아리를 분양한다는 것이었습니다. |

| | |
|---|---|
| 助(zyo)<br>預(azuka)<br>猫(neko)<br>夕(yuu)<br>箇(ka) | 게다가 사료 보조도 해주고 달걀도 매입해 준다는 것이었습니다. 나는 기뻐서 곧바로 군청에 신청하여 병아리 다섯 마리를 받아 왔습니다.<br>나는 병아리를 키우는 데에는 온 정성을 다했습니다. 받았다고는 하지만 실은 맡아 두고 있는 것이나 다름없습니다. 병에 걸리지 않도록 고양이가 잡아가지 않도록, 아침저녁으로 얼마나 신경을 썼는지 모릅니다. 다행히 병아리는 잘 자라 7개월 후에는 달걀을 낳게 되었습니다. |

| | |
|---|---|
| 箇(ko)<br>組(kumi)<br>預(yo)<br>圓(円)(en) | 나는 그 달걀을 소중히 보관해 두었다가 열 너댓개 정도 모이면 군청에 가지고 가서 한 개 6전에 팔았습니다. 그리고 돈은 언제나 금융조합에 예금했습니다. 6개월이 지나자 예금이 20원이 되었습니다. 나는 군청에 부탁을 해서 좋은 송아지 한 마리를 샀습니다. 그 소를 내가 끌고 집에 돌아왔을 때에는 아버지도 어머니도 매우 기뻐해 주셨습니다.<br>나는 이제부터 힘껏 일해서 수 년 후에는 하다못해 우리 집에서 지을 만큼의 논을 갖고 싶다고 생각하고 있습니다. |

# 제10 이상한 마차

어느 시골에 고개를 넘어 읍내로 다니는 마차가 있었다. 좌석에는 차이가 없으나 차표에는 1, 2, 3의 등급이 있다.

발차 바로 전에 모여든 승객은 각자 차표를 사서 마차에 탔다.

마차는 평지를 힘차게 달렸다. 함께 탄 사람들은 세상 돌아가는 이야기에 웃으며 흥겨워했다. 그 사이 마차가 언덕길에 이르러 말은 점점 힘들어 했다.

峠(touge)
等(tou)
集(atsuma)
興(kyou)
次(shi)

| | |
|---|---|
| 坂(saka)<br>歩(ayu) | 마부가 "일등석 손님은 그대로 있어도 됩니다. 2, 3등석 손님은 내려 주세요."라고 말했다. 2, 3등급의 사람들은 차에서 내려 마차 뒤를 따라갔다.<br>잠시 후 마차는 급경사에 다다랐다. 말은 점점 발걸음을 내딛지 못했다. 마부가 다시 "3등석 손님은 뒤에서 밀어 주세요."라고 말했다. 승객은 이때 비로소 차표에 등급이 있는 까닭을 알고 크게 웃었다고 한다. |

# 제11 가로수

| | |
|---|---|
| 當(tou)<br>寫眞(syashin) | 우리들이 여기에 심어진 것은 여러분들이 막 태어나셨을 무렵입니다. 당시의 사진과 지금의 사진을 비교해 보면 누구라도 놀랄 것입니다.<br>그 무렵의 일입니다. 어떤 사람이 "이것이 제대로 자랄까?"하고 말했습니다. 또 어떤 사람은 "자란다고 하더라도 언제 일지 알 수 없어."라고 말했습니다. 그러나 겨우 10여년 만에 우리들은 어엿한 가로수로서 훌륭하게 그 역할을 다하게 되었습니다. |

側(kawa)
季(ki)
陰(kage)
夕(yuu)

우리들의 뿌리는 도로의 양쪽을 단단히 지탱하고 있습니다. 그보다도 우리들이 사계절마다 모습을 바꿔 길 가는 사람들을 위로하고 있는 것은 대단한 일입니다.

여름 날 우리들의 그늘은 시원할 것입니다. 눈이 내리는 저녁에도 우리들이 이렇게 있으면 든든하겠지요. 우리들은 그냥 서 있는 것 같아도 상당히 중요한 역할이 있는 것입니다.

| | |
|---|---|
| 思(shi)<br>議(gi) | 우리들이 10년을 이렇게 자라는 사이에 이상하게도 이 주변 민둥산에 나무를 심는 사람이 점점 많아졌습니다. 그것을 우리들의 공이라고는 말하지 않겠습니다만 전혀 관계가 없는 일이라고도 생각하지 않습니다.<br>우리들이 심어진지 얼마 되지 않았을 때의 일입니다. 우리들을 함부로 뽑아 버리는 사람들이 있었습니다. 꺾어서 회초리를 만드는 사람도 있었습니다. 나중에 이런 것이 인간의 장난질이라는 것을 알고 불쾌한 생각이 들었습니다. |

| | |
|---|---|
| 完全(kanzen)<br>業(gyou) | 우리들에게는 은인이 있습니다. 그것은 10년 전 이곳의 도지사님입니다. 그 분의 덕택으로 우리 동료들이 13만 그루나 제대로 잘 자라고 있습니다. 모두 다 도지사님의 훌륭한 사업이라고 말하고 있습니다. |

# 제12 여행

| | |
|---|---|
| 學(mana)<br>普(hu)<br>川(sen)<br>湖沼(koshou) | 공부해야 할 것을 다 마치고 나서 약간의 여유가 있다면 산에 오르는 것도 좋다. 들을 거니는 것도 좋다. 보통학교에 다니는 동안에 그 고장의 산천, 호수, 명소, 유적지 등을 빠짐없이 순례하여 직접 답사해야 한다. 향토를 답사한다는 것은 모든 학문의 시작이다.<br>좀 더 커서는 가업에 힘쓰는 사이사이에 여행을 해야 한다. 여행은 즐거운 것이기도 하지만 또한 고생스러운 것이기도 하다. 맑은 날에 여유로운 길을 걷는 것은 즐겁다. |

| | |
|---|---|
| 景色(keshiki)<br>暮(ku) | 기차, 기선, 자동차, 마차 등을 타고 경치를 감상하면서 가는 것도 즐겁다. 비 오는 날에 산비탈을 넘고, 바람 부는 날에 바다를 건너는 것은 힘들다. 하물며 날이 저물어 길은 아직 먼데다 배 고프고 지쳐서 다리가 아파올 때 등은 그 고생스러움은 그지없다. 따라서 속담에서도 "귀한 자식에게는 여행을 시켜라."라고 말한다. 그래도 여행의 고생스러움은 훗날 떠올라서 즐거운 것이다. |

| | |
|---|---|
| 見(ken)<br>必(hitsu)<br>善(zen)<br>古(ko) | 또한 여행은 자신도 모르는 사이에 견문을 넓힌다. 지방의 산업을 보고서는 개량의 필요성을 알게 된다. 도시생활을 보고서는 지방생활의 개선도 생각하게 된다. 따라서 옛사람들은 "백문이 불여일견."이라고 말했다. |

# 제13 압록강 철교

橋(hashi)
明治(meizi)
局(kyoku)
着(chaku)
閉(hei)
開(a)
閉(to)

□ 압록강에는 예로부터 다리를 놓은 적이 없었다. 1909년 조선철도관리국이 이 공사에 착수하자 누구나 그 성공을 의심했다. 그 중에는 무모하다고 비웃는 사람도 있었다. 그러나 1911년에 완공된 이래 의심했던 사람도 비웃었던 사람도 건너다니고 있다.

□ 다리의 길이가 약 944미터이고 다리 한 가운데를 철로가 통과하고 있고, 양쪽에 약 2미터 40센티의 보도가 있다.

| | |
|---|---|
| 央(ou) | 12개인 다리교각 중간쯤의 하나가 결빙기 이외에 하루 네 번 개폐된다. 열리면 열십자, 닫히면 한일자가 된다. 누군가가 일본 철도의 3대 공사 중 하나라고 했는데 정말이라고 생각한다.<br>□ 500톤 이상이나 되는 교각 하나가 네 사람의 힘으로 도는 것은 신기한 것 같다. 교각 중앙에서 네 개의 지렛대를 각각의 구멍에 끼워서 네 명이 같은 방향으로 밀기 시작하면 먼저 레일이 위로 올라간다. |

| | |
|---|---|
| 端(tan)<br>支(sasa)<br>過(ka) | 다음으로 교각의 북쪽 끝이 서쪽으로, 남쪽 끝이 동쪽으로 향해서 조용히 움직이기 시작한다. 교각 중앙의 기둥 하나에 지탱하여 움직이는 것을 보면 인간의 지혜란 놀랄만한 것이라고 생각한다.<br>□ 다리가 열리기를 기다리고 있던 대형 정크선이랑 범선은 연이어 통과하기 시작한다. 과연 압록강이다. 오르내리는 배들로 인해 한참동안은 활기차다. |

| | |
|---|---|
| 義(gi)<br>晴(sei)<br>幾(iku)<br>那(na) | □ 다리 위를 건너고 있자니 여러 가지 일이 생각난다. 새들은 자유로이 강위를 북쪽으로도 남쪽으로도 난다. 바람이 불면 안동 버드나무도 신의주 버드나무도 같은 방향으로 나부낀다. 개이고 비오고 춥고 더운 것에 국경이 없고 달과 눈과 꽃에도 국경이 없다.<br>□ 압록강 물은 몇 만년 밤낮을 가리지 않고 흐르고 있다. 조선에서 흘러나온 물도 중국에서 흘러나온 물도 하나가 되어 흘러간다. |

□ 이 다리를 건너서 안동으로 장을 보러 가는 사람이 있는가 하면, 이 다리를 건너 신의주로 일하러 오는 사람도 있다. 일본과 중국 두 나라를 위해 이 다리가 기여하는 바는 대단한 것이다.

# 제14 낚시

| | |
|---|---|
| 釣(tsuri)<br>竿(sao) | 건너편 강기슭에서 아까부터 낚시를 하고 있는 남자가 있다. 두 개의 낚싯대를 드리우고 수면을 응시한 채 돌처럼 꼼짝 않고 있다. 가끔 낚싯대를 들어 올려보지만 그 때마다 작은 물고기가 하얀 배를 드러내며 걸려 나온다.<br>남자는 기쁜 듯한 얼굴도 하지 않고 낚은 물고기를 물에 담근 바구니에 넣는다. 그리고 다시 꼼짝 않고 수면을 응시하고 있다.<br> |

| | |
|---|---|
| 何所(doko) | 바구니를 들고 낚싯대를 들쳐 맨 남자가 이쪽 강가에 불쑥 찾아왔다.<br>아는 사이인지 "잘 잡혀?"하고 말을 걸고 잠시 멈춰서서 보고 있다. 남자는 "잡히지 않아."라고 단 한마디 무뚝뚝한 대꾸를 했을 뿐 쳐다보지도 않고 역시 수면을 응시하고 있다.<br>말을 걸었던 남자는 말 없이 어디론가 가 버렸다.<br> |

# 제15 벼멸구

| | |
|---|---|
| 稻(ine)<br>茎(kuki)<br>蟲(虫)(mushi)<br>黄(kou)<br>色(shoku)<br>背(se)<br>線(sen)<br>農(nou)<br>蟲(tyuu) | 나는 오늘 논두렁을 지나다 문득 벼의 쭉정이를 발견했다. 논에 들어가 쭉정이의 줄기를 뿌리째 뽑았다. 자세히 보니 줄기 속이 벌레먹었다. 줄기를 완전히 갈라 보니 뿌리 가까이에 2센티 정도의 황백색 벌레가 있었다. 등에는 세로로 다섯줄의 선이 있었다.<br>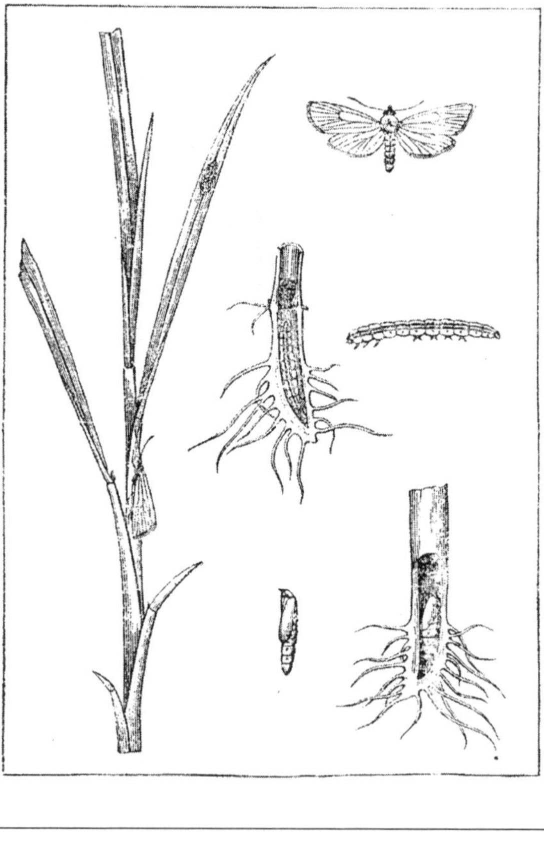 |

| | |
|---|---|
| | 집에 돌아와 농사책을 조사해 봤다. 그 벌레는 멸구라는 벼의 해충임을 알았다. 책에는 다음과 같이 쓰여 있었다. |
| 幼(you)<br>刈(kari) | 벼멸구는 1년에 두 번 발생하는 것이다. 겨울에는 유충 상태로 대부분은 베어낸 벼 밑둥 안에서 지내고, 5월 중순경이 되어 애벌레가 된다. 애벌레는 작은 나방이 되어 저녁 무렵부터 못자리로 날아와 모의 잎에 알을 낳는다. |

| | |
|---|---|
| 枯(ka)<br>捕(tsukama) | 알은 다량으로 한 곳에 붙어 유충이 되고 벼의 줄기를 갉아먹고 성장한다. 그것이 9월 초에 다시 나방이 되어 알을 낳는다. 그 알이 부화하면 벼의 줄기 속을 먹어 이삭을 메마르게 해 버린다.<br><br>내가 발견한 것은 두 번째 벼멸구이다. 벼멸구를 구제하려면 못자리에 모인 멸구나방을 잡거나 또는 모에 붙어 있는 알을 제거하는 것이 중요하다. |

## 第16 금관

| | |
|---|---|
| 博(haku)<br>館(kan)<br>冠(kanmuri)<br>曲(maga)<br>浮(uka) | 얼마 전에 나는 박물관에 갔습니다. 여러 가지 진귀한 물건이 많은 중에서 금관을 봤습니다. 그 옆에 "경주 고분에서 출토된 것이다"라고 쓰여 있었습니다. 아마도 옛날 임금님이 쓰셨던 것이겠지요.<br>나는 그 후 가끔 금관을 떠올립니다. 그리고는 여러 가지 생각을 합니다. 꿈에서 본 적도 있습니다. 지금도 그 작은 옥구슬이 많이 달려 있는 금관을 또렷하게 떠올릴 수가 있습니다. |

| | |
|---|---|
| 劍(tsurugi) | 그 금관을 쓰셨던 임금님은 어떤 분이셨을까? 의복은 무엇을 입고 계셨을까? 검도 금으로 장식되고 신발도 옥으로 장식되어 있었을 것입니다. 가마 등은 분명히 금, 은, 나전 등으로 화려하게 장식을 했었을 것입니다.<br>그 임금님이 계셨던 어전은 필시 크고 훌륭했을 것입니다. 그리고 신라의 수도는 분명히 화려하고 아름다웠을 것입니다.<br> |

임금님이 봄 들녘이나 가을의 산에 많은 신하들을 거느리고 행차하실 때에는 얼마나 성대했을까요? 그 행렬은 눈부실 정도로 대단했을 것이라고 생각합니다.

선생님으로부터 언젠가 "곡옥(曲玉)이 출토되는 곳은 세계에서 내지와 조선밖에 없다."라고 들었습니다. 그 금관에 달린 곡옥을 보았을 때 내지와 뭔가 관계가 있는 것은 아닐까 하고 생각했습니다.

# 제17 느티나무

外(hazu)
幹(miki)

동구 밖에 커다란 느티나무가 한 그루 있습니다. 나무가 커서 우리들 세 명이 손을 이으면 가까스로 닿을 정도입니다. 키는 크지는 않지만 가지가 뻗어 있는 모습은 놀랄 정도여서, 마치 큰 우산을 펼친 듯합니다.

| | |
|---|---|
| 木(ko)<br>青(sei)<br>菓(ka) | 이곳은 작은 아버지네 땅인데 마을 사람들의 놀이터가 되었습니다. 그 시원한 그늘에는 누구라도 이끌리는지 길 가는 사람은 대부분 이곳에서 쉬어 갑니다. 때로는 노인들이 바둑을 두고 있을 때도 있고, 청년들이 장기를 두고 있을 때도 있습니다. 그래서 요즘에는 라무네 음료나 과자 등을 파는 할머니가 매일 옵니다. |

| | |
|---|---|
| 來(ko)<br>鬼(oni) | 우리들은 하루라도 이 나무 밑에 오지 않는 적은 없습니다. 다른 사람들에게 방해가 되지 않을 때에는 술래잡기 등을 하며 떠들지만 다른 사람들이 바둑이나 장기를 두고 있을 때에는 돌 맞추기 등을 하며 놉니다.<br>이 느티나무는 연 중 아름답지만, 새잎이 나올 때나 잎이 노랗게 물들 때 등은 유난히 아름답다고 생각합니다.<br>요전에 작은 아버님이 과자 장수 할머니에게 무슨 이야기를 하는 김에 |

| | |
|---|---|
| 孫(mago) | "할머니 걱정 마세요. 이 나무를 잘라서 되겠어요? 저의 할아버지도 아버지도 자르지 않았어요. 그것을 제가 어찌 자르겠어요? 자식 대가 되어도 손자 대가 되어도 결코 자르게 하지 않겠어요. 제 집안이 이어지는 한 이 나무의 생명이 있는 한 저희 집에서 보호할 거예요. 할머니는 괜찮아요 안심하세요."<br>하고 말씀하셨다. 할머니는<br>"믿음직스럽군요!"<br>하고 웃었다. |

## 제18 아이와 작은 새

| | |
|---|---|
| 供(tomo)<br>問(to) | 어린애가 예쁜 작은 새를 향해<br>"작은 새야! 너는 먹이를 항상 어디에서 구하니?"<br>라고 물었습니다. 작은 새는<br>"우리들은 그 장소를 잘 알고 있지요. 어디를 가든 우리를 위해 맛있는 음식이 차려져 있죠. 이 땅 위에는 우리들을 길러주지 않는 나무는 한 그루도 없어요."<br>라고 즐거운 듯이 대답했습니다. |

“여러분은 지쳤을 때에는 어디로 가서 쉬시나요?”

“어느 곳의 숲이든 나뭇가지든 자유롭게 우리들의 머무를 곳을 정합니다. 풀이나 나뭇잎 그늘에 안전한 둥지를 짓습니다.”

| | |
|---|---|
| 露(tsuyu)<br>雫(shizuku)<br>泉(izumi) | "목이 마를 때는?"<br>"우리들은 잎사귀 끝에 맺힌 이슬을 마시거나 아름다운 꽃잎 잔으로 빗방울을 마시기도 합니다. 길가에는 깨끗한 샘이 있고 개울에는 차가운 물이 흐르고 있습니다."<br>그러자 아이는<br>"춥디 추운 겨울이 찾아와 물이 모두 얼어버리면 힘드시겠네요?" |

| | |
|---|---|
| 暖(atata)<br>歌(uta) | 라고 물었습니다. 작은 새는 유쾌한 듯이<br>"우리들은 따뜻한 고장에 가서 즐겁게 지냅니다. 이쪽에 봄바람이 불어 꽃이 피고 잎이 나게 되면 우리들은 돌아와 즐거운 노래를 부릅니다."<br>라고 대답했습니다. |

# 제19 약수와 온천

| | |
|---|---|
| 藥(kusuri)<br>共(tomo)<br>藥(kusuri) | 약수터 주변에는 많은 사람들이 모여 있다. 커다란 바위 틈에서 흘러나오는 맑은 물을 번갈아 떠 마시고 있다. 정동이는 동생과 함께 어머니를 따라서 이곳에 왔다.<br>정동이가 길러 온 약수를 동생이 한 모금 마시고는<br>"뭐야 형! 그냥 맹물이잖아요?"<br>이때 어머니는<br>"약이 들어 있으니까 많이 마시거라." |

| | |
|---|---|
| 溶(to)<br>湧(wa) | 이 말을 들은 동생은<br>"약을 누가 넣는 거예요?"<br>라고 물었다. 어머니는 그저 웃고 있었다. 정동이는<br>"그건 누가 넣은 것은 아니야. 바위 틈이나 땅 속에는 자연스레 약이 되는 것이 포함되어 있어. 물이 그곳을 통과하면 그게 녹아서 약수가 되어 솟아나오는 것이야." |

| | |
|---|---|
| | "그러면 우물물도 약수야?"<br>"우물물도 바위틈이나 땅 속을 거쳐서 솟아나는 것이지만 대개 약이 되는 물질이 녹아 있지 않아. 우물에 따라 '마실 수 없음'이라고 쓰인 팻말이 붙여져 있잖아? 그것은 독이 되는 물질이 녹아 있기 때문이야. 눈에는 깨끗한 물로 보일지라도 녹아 있는 물질에 따라서 약이 되기도 하고 독이 되기도 하는 거야." |
| 札(satsu)<br>毒(doku) |  |

동생은 생각난 듯이

"땅 속에서 뜨거운 물이 샘솟지는 않아?"

형은

"지구는 바깥층만이 식어 있는 불덩어리라는 거야. 그래서 일 년 내내 연기를 내뿜고 있는 산도 있고, 뜨거운 물이 솟고 있는 곳도 있어. 말하자면 땅 속에 깊이 스며든 물이 지열로 데워져 솟아나는 것이 온천이야. 온천에는 약이 되는 물질이 녹아 있는 경우가 많으므로 그래서 사람들은 병을 치료하러 가는 거야."

라고 말했다.

泉(sen)
湯(tou)

## 제20 아름다운 뿔

| | |
|---|---|
| 湖(mizuumi) | 거울 같은 호수에<br>자태를 비추며 사슴은 말한다.<br>정말로 아름다운 뿔이로구나.<br>다리는 못생겨서 한스럽지만.<br><br>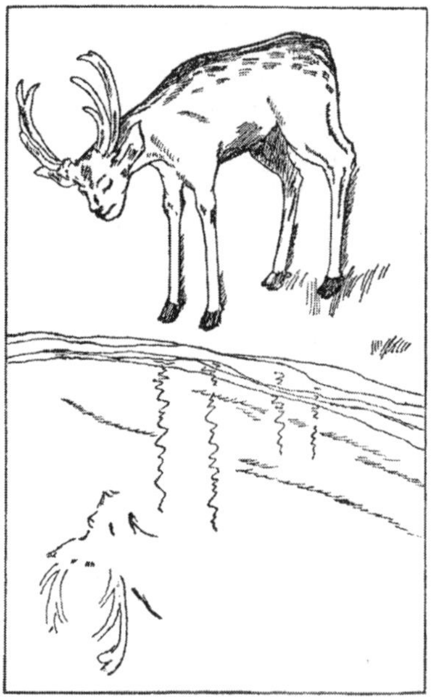 |

뒤쪽에서 들리는 개 짓는 소리
이런! 사냥꾼이야 하고 깜짝 놀라며
사슴은 못생긴 다리로
숲 속 나무 사이를 달렸습니다.

가지와 가지가 서로 얽힌
그곳을 달리다가 그만
아름다운 뿔이 화근이 되어
불쌍한 사냥감이 되었습니다.

## 제21 짐수레 밀기

| | |
|---|---|
| 粟(awa) | 오늘 학교가 파하자 나는 서둘러 집으로 돌아왔습니다. 동구 밖 비탈길에 다다르자 좁쌀 자루를 가득 실은 짐수레가 비탈길 중간쯤에 멈춰 있었습니다. 유심히 보니 노인이 그 짐수레를 끌고 올라가려고 땀투성이가 되어 있습니다만, 짐수레는 움직이지 않습니다. 나는 안됐다는 생각이 들었습니다.<br>내가 수레 뒤로 돌아가 "밀게요!"라 하며 힘껏 밀자 노인도 힘껏 끌었는지 수레는 약간 움직였습니다. |

이러자 나도 노인도 최선을 다했습니다. 수레는 오른쪽으로 돌고 왼쪽으로 돌아서 거의 올라왔습니다. 나도 땀범벅이 되어 버렸습니다.

이때 뒤에서 젊은 남자 두세 명이 수레 옆을 지나갔습니다. 그 중 한 사람이 뒤돌아보며 어떻게 생각했는지 웃었습니다. 나는 "웃을 틈이 있으면 좀 도와 주면 좋을 텐데"라고 생각했습니다.

| | |
|---|---|
| | 상당히 시간이 오래 걸렸습니다만 마침내 언덕 위까지 끌어올렸습니다. 노인은 땀을 닦으면서 몇 번이나 머리를 숙여 "도련님 고맙습니다. 덕분에 집에 빨리 갈 수 있겠어요."라고 말했습니다. |

## 제22 만주 (滿州)

| | |
|---|---|
| 村(son)<br>埋(uzu)<br>貨(ka) | 만주의 여름은 수수의 여름이고 콩의 여름이며 조나 옥수수의 여름이다.<br>만주의 작물은 이처럼 많은데, 농촌은 이쪽 강변이나 저쪽 버드나무 그늘사이로 보일 정도로, 집들은 수수에 둘러싸여 있다. 누가 이 작물을 돌보고 누가 이것을 거둬들일까 하고 생각할 정도이다.<br>콩은 만주의 주요 산물이다. 남만주 철도화물의 1위를 차지하고 있는 것만으로도 얼마나 많이 생산되는지를 알 수 있다. |

| | |
|---|---|
| 油(yu)<br>連(ren)<br>住(zyuu)<br>酒(sake)<br>至(ita)<br>低(tei)<br>終(syuu) | 콩은 주로 콩기름, 콩깻묵으로 만들어 대련(大連)에서 수출한다. 수수, 좁쌀, 옥수수는 주민의 식량으로 하는 외에 술이나 소주로 만들어 마신다.<br>만주에는 산지(山地)도 있지만 대부분 평야이다. 봉천 이북의 장춘(長春), 하얼빈, 만추리(滿洲里)에 이르기까지 다소 높은 곳과 낮은 곳은 있어도, 대체로 평야이다.<br>하루 종일 기차를 타고 가도 산을 볼 수 없으며, 터널 하나 지나지 않을 정도이다. |

| | |
|---|---|
| 沿(en)<br>牧(boku)<br>羊(hitsuzi) | 철도 주변의 습지나 조금 높은 언덕에 목동이 말, 소, 돼지, 양, 당나귀, 노새 등을 이삼십 마리 모아서 자유로이 풀을 먹이고 있다. 목동이 느슨하게 휘두르는 긴 채찍에 한 무리의 동물들이 같은 방향으로 나아가는 것은 마치 그림과 같다.<br> |

| | |
|---|---|
| 集(atsu)<br>領(ryou)<br>從(zyuu) | 만주는 중화민국 영토이고 주민들 대다수는 중국인이다. 외국인은 장춘 이북에 러시아인이 많고 이남에 일본인이 많다. 내지인은 대부분 상공업에, 조선인은 대부분 논농사에 종사하고 있다.  |

| | |
|---|---|
| 石炭(sekitan)<br>將(syou)<br>廣(kou) | 남만주는 물, 석탄, 철 등을 자유로이 얻을 수 있어서 장래에 공업지대로 발달할 것이다.<br>일본, 중국 양국민이 이 광대한 토지의 산업개발에 힘을 쏟는다면 그 행복함은 크게 증진될 것이다. |

## 제23 연락선을 탄 아들의 편지

| | |
|---|---|
| 釜(fu)<br>棧(san)<br>甲板(kouhan)<br>臺(dai) | 어머니, 기차는 오늘 아침 10시에 부산 선착장에 도착했습니다. 덕수호가 11시 출항이었으므로 아버지와 바로 탔습니다.<br>하늘은 아주 맑고 바람도 세지 않습니다. 나는 갑판에 서서 선착장을 바라보고 있었습니다. 승객들의 수하물인지 여러 대의 차로 운반해 와서 선적했습니다. 우편차가 우편물을 산더미처럼 싣고 와서 깜짝 놀랐습니다. 배웅 나온 사람들이 모여들었습니다. 출항을 알리는 징소리가 울리기 시작했습니다. |

| | |
|---|---|
| 笛(teki)<br>互(tagai)<br>港(kou) | 기적소리가 묵직하게 울려 퍼지고, 배는 서서히 움직이기 시작했습니다. 스크루 도는 소리가 들립니다. 그리고 배의 기관이 본격적으로 가동되자 배의 움직임이 빨라집니다. 배웅하는 사람과 떠나가는 사람이 서로 모자나 손수건을 흔들며 이별을 아쉬워했습니다. 배가 먼바다를 향해 나아가자 절영도(絶影島)는 우리들 배를 전송하고 있는 듯 했습니다. |

潮(shio)
腰(koshi)

부산 앞바다는 물살이 빨라서 배가 잠시 흔들렸습니다. 바람도 조금은 불기 시작했습니다. 갑판에서 느끼는 시원함은 뭍에서는 전혀 상상할 수 없습니다. 두 시간 정도 나아가자 오른쪽으로 섬이 보였습니다. 아버지가 “쓰시마(対馬)다”라고 말씀하셨습니다.

| | |
|---|---|
| 絡(raku)<br>最(sai)<br>費(hi) | 아버지와 내가 벤치에 앉아 있으니 아버지 친구분이 오셨습니다. "이 항로를 이키호(壹岐)나 쓰시마호로 다녔을 때는 12시간이나 걸렸었는데, 경복호, 창경호, 덕수호 세 척이 운항되어서 8시간이 걸리는 것은 편리합니다"라고 말씀하셨습니다. 아버지가 "좋은 배군요"라고 말씀하시자 "최신식입니다. 그러나 부산과 시모노세키가 만일 육지로 연결되어 있다고 가정하고 여기에 철도를 부설할 경우의 비용을 생각한다면, 아무리 훌륭한 배를 만들어도 괜찮을 것입니다"라고 말하며 웃고 계셨습니다. |

| | |
|---|---|
| | “지금부터 현해탄으로 접어듭니다. 좀 쉬시지요”라고 말하고 저쪽으로 가셨습니다.<br>나는 현해탄을 잠든 채 지났습니다. 잠이 깨어서 갑판으로 나오자 아버지가 오른쪽 작은 섬을 가리키며 “저것이 오키노시마(沖の島)다”라고 말씀하셨습니다. 나는 일본해 해전은 저 섬 부근에서부터 시작되었을 것이라고 생각했습니다. |
| 沖(oki) | |

| | |
|---|---|
| 入(iri)<br>暑(atsu) | 주고쿠(中國)나 규슈의 산이 희미하게 보이기 시작했습니다. 드나드는 기선도 서너 척 보입니다. 아버지가 "옛날 조선이나 중국의 문명이 이 바다를 건너서 내지로 흘러들어 왔지만, 지금은 내지의 문명이 이 연락선으로 조선이나 지나(支那)로 흘러나간다. 재미있는 일이야"라고 말씀하셨습니다.<br>7시에 시모노세키(下関)에 도착하여 역 앞 여관에 묵었습니다. 오늘은 매우 덥습니다. 돌아가서 자세히 말씀 드리겠습니다. 안녕히 계세요. |

## 제24 전화

| | |
|---|---|
| 機(ki)<br>失(sitsu)<br>加(ka) | 전화기가 설치되고 통화할 수 있게 되었던 밤은 전화에 관한 이야기뿐이었다. '처음에는 누구든지 통화가 끝나고 "안녕히 계세요"라고 말할 때는 전화기에 머리를 숙인다'라든지 '목욕 중에 전화가 걸려 와서 알몸으로 뛰쳐나와 전화기에다 "알몸이어서 실례합니다" 라고 말했다'든가 '전화가입자는 멀리까지 들리는 목소리와 먼 곳의 소리를 듣는 귀를 가지고 있다'든가 하며 웃었다. |

| | |
|---|---|
| 受(zyu)<br>械(kai) | <br><br>가입자의 전화기는 전선으로 전화국과 연결되어 있다. 통화하려고 할 때, 수화기를 들면 전화국의 기계에 그 신호가 떨어진다. 그러면 교환사무원은 바로 번호를 묻고 선을 연결한다. |

| | |
|---|---|
| 鈴(suzu) | 전화가 연결된 집에서는 전화기 벨이 울린다. 그래서 전화기 쪽으로 와서 수화기를 귀에 댄다. 그리하여 통화하는 것이다.<br>아버지가<br>"통화를 좋게 하기 위해서는 첫 번째로 좋은 전화기, 두 번째로 좋은 교환사무원, 세 번째로 좋은 통화자이어야만 한다.<br>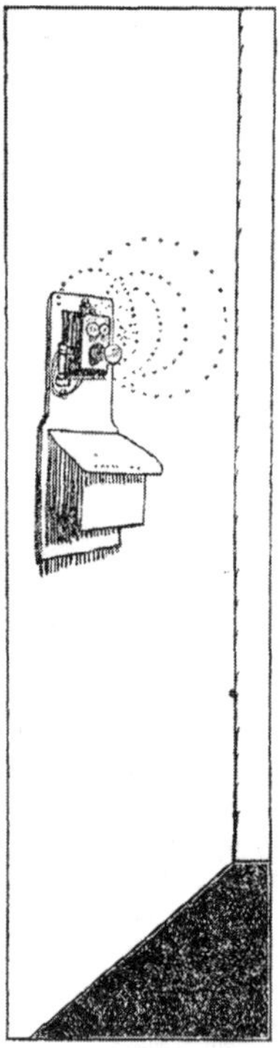 |

| | |
|---|---|
| 扱(atsuka) | 전화기가 좋아도 교환사무원이 덜렁대거나 교환사무원이 좋아도 통화자 예절이 좋지 않거나 하면 충분한 통화는 할 수 없는 것이다. 전화기, 교환사무원, 통화자가 하나로 연결된 기계라고 생각할 때 전화기는 최상의 기능을 하는 것이다. 이 전화기로는 누구든지 예의에 어긋난 말투를 써서는 안 된다. 만일 교환사무원이 연결을 잘못했더라도 거친 말투를 사용한다든지 전화기를 거칠게 다뤄서는 안 된다. |

| | |
|---|---|
| 受(uke)<br>無(mu) | 교환사무원이 기계와 기계 사이에서 기계처럼 일하는 것은 아주 힘든 일일 것이다. 게다가 한 명의 교환사무원이 가입자 120명 정도를 담당하고 있으므로 바쁠 때는 틀리는 것도 무리는 아니다" 라고 말씀하셨다.<br>이 때 벨이 계속 울렸다. 아버지가 전화를 받아서 "잘못 걸렸습니라"하고 말씀하셨다. 그러자 "실례했습니다"라고 말하는 소리가 희미하게 들렸다. |

# 제25 도쿄 대지진

| | |
|---|---|
| 戸(ko)<br>消防隊<br>(shouboutai) | □ 후들거리는 다리를 가누며 집밖으로 뛰쳐나왔을 때는 넘어지는 집과 무너지는 지붕 소리에 세상이 어떻게 되어 가는 걸까 하며 살아있는 느낌은 없었다. 검은 연기가 곳곳에 피어오르고 불꽃이 바람에 흩날린다. 수도는 끊겨져 있다. 소방대도 손쓸 방도가 없다. 번져간 불길은 높은 건물들을 에워싸고 태운다. 우왕좌왕하며 도망치는 사람들은 거리에 넘치고 화염에 휩싸인 사람들은 픽픽 쓰러진다. |

| | |
|---|---|
| 震(sin)<br>災(sai)<br>市(shi)<br>以(mot)<br>院(in)<br>場(zyou) | 이것은 도쿄대지진에 이어 발생한 화재의 참상이다. 3일간 계속해서 불에 타 번화한 시가지도 삽시간에 불탄 벌판처럼 되어 버렸다. 마치 꿈같은 사실이다.<br>□ 불은 수그러들었지만 사람들은 살 집이 없다. 먹을 것이 없다. 물조차도 없다. 대부분은 몸만 빠져나온 사람들이다. 높은 지대의 집들이나 학교, 사원, 극장 등에 이재민을 수용하였지만 도저히 전부 수용할 수 있는 것은 아니었다. |

다수의 이재민은 굶어서 일어설 힘이 없다. 지쳐서 걸어갈 기력도 없다. 만일 며칠 간 이 상태로 지낸다면 이 사람들은 어떻게 될까 하고 걱정했다.

□ 도쿄 대지진은 각지의 신문에 의해 전국으로 알려졌다. 잿더미로 변한 도쿄의 참상은 무선전신이나 비행기의 보고에 의해 전 국민이 자세히 알게 되었다. 국민들은 얼마나 놀랐는지 모른다.

過(su)
各(kaku)
信(shin)
告(koku)

| | |
|---|---|
| 情(zyou)<br>艦(kan)<br>興(kou) | □ 국민들의 동정은 도쿄로 쏠렸다. 그 진심에 의해 모여진 구호품을 가득 실은 군함이나 기선은 도쿄로 급히 향했다. 시나가와(品川) 앞바다는 그 배들로 뒤덮였다. 굶주린 사람, 지친 사람들은 그러한 동정에 힘입어 다시 살아났다. 복구할 힘도 이 때문에 싹이 트게 되었다.<br>도쿄시민들은 언제까지나 눈물 없이 이때의 사실을 떠올릴 수는 없을 것이다. |

| | |
|---|---|
| 諸(sho)<br>損(en)<br>輸(yu)<br>力(ryoku) | □ 세계의 동정 또한 그 정점에 달했다. 우방의 위급을 도우라는 것은 전 세계의 목소리였다. 구미 여러 나라는 아시아에 있는 함대에 도쿄를 구하도록 명령했다. 그 후 각국 모두 의연금을 모집하여 필요한 물품을 수송했다. 병원을 도쿄에 건설한 나라도 있었다. 아름다운 박애 정신이 세계 도처에 빛났다.<br>도쿄 시민은 일본 국민들과 세계의 동정을 감사하며 복구에 전력을 기울이고 있다. |

## 제26 아베가와강의 의로운 인부

| | |
|---|---|
| | 백팔 구십 년 전의 일입니다. 연일 내리는 비로 모든 강은 물이 넘쳐흘렀습니다. 다리가 없는 곳에서는 닷새든 열흘이든 물이 빠지는 것을 기다려야 했으며, 강가의 여관은 손님을 다 받아들일 수 없을 정도였습니다.<br>그 중에서도 아베가와강의 여관은 더욱 많은 손님들로 붐볐다고 하는데, 강을 건널 수 있게 되자 너나할 것 없이 모두 앞 다투어 건넜습니다. |

| | |
|---|---|
| 非常(hizyou)<br>賃(chin) | 건넌다 해도 혼자 힘으로는 건널 수 없었습니다. 물에 익숙한 인부의 어깨를 타던지 손을 잡고 건너는 것이었습니다. 많은 사람들이 저마다 인부들을 불러서는 자기 먼저 건너려고 하고, 노인들이나 아이들은 목청껏 서로를 부르므로 강가는 대단히 소란스러웠습니다. 이 때 허름한 옷차림의 한 남자가 인부와 품삯이 비싸다느니 싸다느니 하며 다투다 흥정이 되지 않는다고 생각했는지, 옷을 벗어 머리에 이고 혼자서 강 속으로 들어갔습니다. |

그리하여 매우 위험한 꼴을 겪으며 겨우겨우 건너편 기슭에 다다랐습니다.

그 인부는 잠시 뒤 무심코 앞서 품삯으로 다퉜던 곳에 가보니, 가죽 지갑이 떨어져 있었습니다. 주워서 보니 매우 묵직하고 안에는 동전이 잔뜩 들어 있었습니다.

이것은 그 사람이 떨어뜨리고 간 게 틀림없는데, 품삯이 비싸다고 이 위험한 강을 혼자서 건널 정도의 사람이었다. 만약 이 큰 돈이 없다면 미쳐 죽을 지도 모른다. 안됐다고 생각하며 인부는 곧바로 강을 건너 그 남자를 뒤쫓아 갔습니다.

20리 정도 가서 큰 고개에 다다르자 윗쪽에서 웃옷을 벗고 오른손에 지팡이를 짚고 달려 내려오는 사람이 있었습니다. 자세히 보니 아까 그 남자였습니다. 인부는 "여보세요"하고 불러 세워 물었습니다.

| | |
|---|---|
| | “당신은 오늘 아침 혼자서 강을 건너간 분이 아닙니까?”<br>“그렇습니다”<br>“왜 다시 그렇게 황급히 되돌아갑니까?”<br>“물건을 잃어버려서요!”라고 말하면서 달리기 시작했습니다. 인부는 그 남자의 옷자락을 잡으며,<br>“잠깐 기다려 보세요. 잃어버린 물건이 뭐지요?”<br>“가죽 지갑인데…” |

"안에는?"

"동전이 150냥 들어 있습니다. 50냥은 노랑 헝겊에 싸져 있고, 100냥은 작은 주머니에 들어 있습니다. 그 외에 편지가 예닐곱 통."

"안심하세요. 여기 가지고 왔습니다"라고 말하고 인부는 지갑을 꺼내 건넸습니다. 그 남자는 꿈인가 하고 기뻐하며 지갑을 받아 들고 몇 번이나 고개를 조아리며 눈에서는 끊임없이 눈물이 넘쳤습니다.

| | |
|---|---|
| 参(mai)<br>直(ziki) | 잠시 후<br>"집안에서 잃어버린 물건이라도 좀처럼 찾기가 힘든 법입니다. 하물며 사람들의 왕래가 잦은 나루터에서 잃어버렸기에 설령 날아간다한들 이미 없을 것이라고는 생각했습니다만, 이대로 돌아갈 수도 없어서 되돌아 왔습니다. 어차피 없을 때에는 강물에 빠져 죽으려고 각오를 하고 왔습니다. 그런데 당신처럼 정직한 분이 지갑을 주으셔서 돌려받았습니다만, 돌려받은 것은 지갑이 아니라 제 목숨입니다. |

그래서 이 지갑의 돈을 절반정도 사례로 드리겠습니다"하고 지갑에 손을 집어넣었습니다. 인부는 이것을 보고

"그러지 마세요. 당신에게 한 푼이라도 받을 생각이 있었으면 이곳까지 가지고 오지는 않았습니다. 자 길을 서두르세요. 나는 나루터로 돌아가서 사람들을 건네주겠습니다"

라 하고 돌아가려 했습니다. 그 남자는 "부디 잠깐만요"하며 불러 세웠습니다.

| | |
|---|---|
| 居(o)<br>妻(tsuma) | "나는 이곳에서 천 리길이나 되는 기슈(紀州) 사람입니다. 보슈(房州)에 돈 벌러 가서 수렵에 종사하고 있습니다만, 동료가 고향에 보낼 돈을 맡아서 이 지갑에 넣어가지고 온 것입니다. 작은 주머니에 든 돈은 우리 주인이 고향에 부치는 돈입니다만, 주인은 인정이 많은 사람이므로 이 돈을 당신에게 드려도 꾸중하시지는 않을 것으로 생각합니다. 부디 이 돈을 받으시어 제 마음을 편하게 해주세요. 그리고 당신의 이름을 가르쳐 주십시오. 처자식들에게 아침 저녁으로 염불 대신에 이름을 읊도록 하겠습니다." |

| | |
|---|---|
| | 인부는 이 말을 듣고 고개를 저었습니다.<br>“만일 제가 돈을 받으면 그것으로 당신의 기분은 풀릴지 모르겠습니다만, 저의 기분이 풀리지 않습니다. 저는 강가 인부로 이름을 말씀드릴 정도의 인물은 못됩니다. 집에는 칠순이 가까운 아버지와 서른이 되는 아내와 세 살 먹은 아이가 있어, 자칫하면 그 날의 생계가 곤란하게 되는 경우도 있습니다만 마음에 거리끼는 일은 아직 한 번도 한 적은 없습니다. |

| | |
|---|---|
| | 비록 부모 자식이 굶어 죽는 일이 있을지라도 남에게 이유 없이 돈을 받을려고는 생각하지 않습니다"<br>이렇게 말하고는 서둘러 돌아갔습니다. 그 남자는 "그래서는 곤란합니다. 제발..."이라고 말하며 인부의 뒤를 따라 왔는데 결국 강을 다시 건너 인부의 집까지 갔습니다. 보니까 나이 든 아버지는 어두침침한 조그만 창 밑에서 짚신을 삼고 있었고 아내는 난로 옆에서 누더기를 깁고 있었습니다. |

그 남자가 연유를 말하고 부디 사례금을 받아 줄 것을 부탁하자, 노인은 잠시 뒤돌아보더니 아무 말도 하지 않고 다시 일을 계속했습니다. 아내도 역시 "일부러 오셨습니다만"이라고 하며 더 이상 상대를 하지 않았습니다.

남자는 하는 수 없이 관공서에 호소하였습니다. 관리는 자세히 까닭을 물어보고는 인부를 불러 "이런 참, 두 사람 모두 마음씨가 좋은 사람이다. 오랜만에 감동했다.

| | |
|---|---|
| 此方(kochira) | 기슈 남자는 서둘러 고향으로 돌아가 그 돈을 차질 없이 전달하도록 하라. 인부에게는 내가 사례를 하겠다."<br>하고 판결을 내리고 인부에게 포상금을 많이 주었다고 합니다.<br><br>끝 |

다이쇼 12년(1924) 1월 15일 인쇄
다이쇼 12년(1924) 5월 31일 번각발행 정가 금18전

조선총독부

조선서적인쇄주식회사

大正十三年一月十五日印刷
大正十三年一月十八日發行
大正十三年一月二十八日翻刻印刷
大正十三年一月三十一日翻刻發行

普國七

定價金十八錢

著作權所有

著作兼發行者 朝鮮總督府

翻刻發行兼印刷者 京城府元町三丁目一番地
朝鮮書籍印刷株式會社
代表者 伊東猛雄

販賣所 京城府元町三丁目一番地
朝鮮書籍印刷株式會社

조선총독부 편찬 (1923~1924)

# 『普通學校國語讀本』

## 第二期 한글번역 卷8

4학년 2학기

# 普通學校 國語讀本

卷八

# 조선총독부 편찬(1923~1924)
# 『普通學校 國語讀本』第二期 한글번역 卷8

목록

## 제1 황대신궁(皇大神宮)

| | |
|---|---|
| 宮(guu)<br>祖(so)<br>宮(miya)<br>體(tai)<br>祭(sai)<br>必(kanara)<br>告(tsu) | 황대신궁은 황조(皇祖) 아마테라스오미카미(天照大神)를 모시는 신궁(神宮)으로서 이세(伊勢)지방의 이스즈(五十鈴) 강 상류에 있다.<br>신체(神體)는 야타노 가가미(八咫鏡)이고, 신전(神殿)은 껍질만 벗겨 단청하지 않은 목조건물에 띠지붕이다. 아무런 장식도 없는 것이 오히려 존귀하다.<br>우리 황실에서는 연중 중요한 제삿날에는 칙사를 보내시며, 황실 및 국가에 큰 일이 있을 때에는 반드시 이를 보고하신다. |

| | |
|---|---|
| 參拜(sanpai)<br>敬(kei) | <br>또한 국민들은 황대신궁에 대한 존경과 신앙심이 매우 두텁고, 일생에 한 번은 참배하고 싶다고 바라지 않는 사람이 없다.<br>조선에도 황대신궁을 모시는 신사가 많으며, 해마다 제사를 지내어 신을 모시는 데 정성을 다한다. |

## 제2 일요일

| | |
|---|---|
| 束(taba) | 벼를 수확할 때가 되어서 집안은 매우 분주해졌습니다. 토요일 밤 복습을 마치자 아버지께서 "내일 하루는 볏단 나르는 일을 도왔으면 한다. 강 건너 논에 육백오륙십 다발을 베어 놨으니까" 하고 말씀하셨습니다. 나는 갑자기 어른이 된 기분이 들어 기뻤습니다. |

“아버지! 소로 운반해도 괜찮지요?”

“좋고말고! 그러나 소가 어리니까 무거운 짐을 지게 하면 금방 지쳐”

“육십 다발 정도는 괜찮을까요?”

“그 정도라면 괜찮을 거야!”

이런 이야기를 하고 나는 일찍 잠이 들었습니다.

여섯 시경 잠에서 깨어 일어나 보니 청명한 가을 날씨였습니다.

疲(tsuka)

寢(ne)

| | |
|---|---|
| 往(ou) | 소를 마당으로 끌고 나와 먹이를 충분히 주었습니다. 저의 지게도 준비해 두었습니다. 7시부터 일을 시작하여 오전 중에 다섯 번 왕복하여 저녁 6시에는 모두 옮겨 버렸습니다. 나는 내내 소가 지치지는 않을까 걱정했습니다만, 힘차게 일을 잘해 주었습니다.  |

| | |
|---|---|
| 飯(han) | 저녁밥을 먹을 때 아버지께서,<br>"복동아 이제 너는 아버지의 오른팔이다. 저렇게 많은 벼를 어떻게 운반한 거야?"<br>"제가 처음에 논에 갔을 때 볏단을 세어보니 육백예순두 다발이었습니다. 이것을 한 번에 예순단씩 옮기면 열한 번 걸립니다.<br>그래서 제가 일 회분 만 지게로 옮기기로 하고, 전부 열 번에 끝났습니다." |

"대단히 피곤했겠구나"

"아니요. 저는 천천히 일을 했으므로 조금도 힘들지 않았습니다"

아버지께서는 매우 기뻐하셨습니다.

그리하여,

"일은 너처럼 해야만 잘 진척되는 법이야."

라고 칭찬해 주셨습니다. 나는 좋은 일요일이었다고 생각했습니다.

# 제3 들국화

들국화 꽃을 보고 있으면
물 흐르는 소리가 들려온다네.
들국화 핀 벌판 한 가운데
샘물이 솟고 있었지요.

들국화 꽃을 보고 있으면
귀뚜라미 우는 소리 들려온다네.
들국화 핀 벌판 풀뿌리에
벌레가 숨어서 살고 있지요.

<table>
<tr>
<td>影(kage)</td>
<td>들국화 꽃을 보고 있자니<br>구름이 흘러 지나가네요.<br>하늘에 두둥실 가는 구름의<br>그림자 꽃 핀 들에 움직이네요.<br><br>벌레와 샘물 소리 들려오는<br>들국화 핀 벌판은 적막해지고<br>구름이 지나간 넓은 하늘은<br>이윽고 파래지네요.<br><br></td>
</tr>
</table>

# 제4 편지

## 1. 경성(京城)의 남동생으로부터

登(nobo)
頂(chou)
辨(ben)

형님에게

형님 별고 없으십니까?
여기는 모두 잘 있습니다.
매일 같이 좋은 날씨가 이어지고 있습니다.
어제는 친구들과 남산에 올라갔습니다.
도중에 너무 서두른 탓에 정상에 도착했을 때는 완전히 지쳐 버렸습니다.
잠시 휴식을 취하고 나서 도시락을 먹었습니다.
정말로 전망이 좋았습니다.

| | |
|---|---|
| 壁(kabe)<br>街(gai)<br>唱歌(syouka)<br>降(o)<br>膝(hiza) | 빨간 벽돌이나 하얀 벽에 절이나 교회의 거무스름한 지붕이 서로 섞여 경성 시가지가 유화처럼 보였습니다.<br>돌아오는 길에는 창가(唱歌)를 부르며 천천히 내려왔습니다.<br>누군가가 "다람쥐가 있네"라고 말해서 그 쪽으로 달려가다가 돌부리에 걸려 넘어졌습니다. 무릎이 조금 까졌을 뿐입니다.<br>다음 주 토요일에는 학교 소풍이 있으므로 모두 기대하며 기다리고 있습니다.<br>10월 20일<br>동생으로부터 |

| | |
|---|---|
| | **2. 도쿄의 형으로부터** |
| | 정동이에게 |
| 勉(ben)<br>泊(toma) | 모두가 잘 있다니 다행이다.<br>나도 잘 있으니 안심하거라. 날씨가 좋은데다 밤이 길어져서 우리들 모두 지내기에 아주 좋단다. 책을 많이 구했으므로 이번 가을에는 충분히 공부를 할 수 있으리라고 생각한다.<br>일요일 등에는 나도 자주 소풍이나 여행을 간단다. 요전 토요일에는 닛코(日光)에 가서 하룻밤 묵으면서 구경을 했다. |

| | |
|---|---|
| 松(syou)<br>茂(shige)<br>滝(taki)<br>紅葉(kouyou) | "닛코를 가보지 않고 좋다는 말을 하지 말라"라는 말은 들었지만 도쇼구(東照宮)의 멋진 모습에는 실로 놀랐단다.<br>큰 바위가 우뚝 솟아 있고 노송이 우거진 사이로 게곤(華嚴), 우라미(裏見), 기리후리(霧降) 등의 폭포가 떨어지고 있는 아름다움 또한 비할 바가 없었다. 맑은 주젠지(中禪寺) 절 호수에 단풍 든 주변 산이 그림자를 드리우고 있는 경치는 특히 빼어나게 보였다. 시간이 나면 다시 한 번 가 보려고 한다.<br>닛코의 그림엽서를 보내니 보거라.<br>10월 24일<br>형으로부터 |

# 제5 양자강(揚子江)

| | |
|---|---|
| 江(kou)<br>河(ga)<br>材(zai) | 양자강은 중국에서 제일 긴 강으로 그 길이가 5,200킬로미터이며, 우리나라의 최남단에서 최북단에 이르는 길이보다도 길다. 우리나라에서 제일 긴 압록강 가은 것은 실로 그 지류에도 미치지 못한다. 하구로부터 기선은 약 1,800킬로미터, 작은 배는 약 3,600킬로미터까지 거슬러 올라갈 수 있다.<br>이 강 상류지방에서 목재를 베어 내어 이것을 뗏목으로 엮어서 강으로 내려 보내기도 한다. |

幅(haba)
菜(sai)

큰 뗏목은 길이가 백에서 백이십미터 정도에 폭이 오십에서 칠십미터 정도로, 여기에 흙을 깔고 야채를 재배하거나 우리를 만들어 돼지, 닭 등을 키우며 한 가족 모두가 이것을 타고 물살을 따라 강을 내려간다. 집을 나선 뒤  뗏목을 해체하여 목재를 팔기에 이르기까지 1년이라는 긴 시간이 걸리는 경우가 드물지 않다고 한다.

| | |
|---|---|
| 量(ryou)<br>豊(yutaka)<br>夏(ka)<br>增(zou)<br>濁(daku)<br>域(iki)<br>綿(men)<br>貿易(boueki)<br>甚(hanaha)<br>盛(sakan) | 양자강은 수량이 항상 풍부하여 양양하게 흐르지만, 여름에는 특히 강물이 불어 범람하여 탁류가 되므로, 하구로부터 해상 400킬로미터 사이는 이 때문에 바닷물이 붉다고 한다.<br>양자강이 크다는 것은 이것으로 알 수 있다.<br>양자강 유역은 토질이 매우 비옥하여 쌀, 차, 면 등의 산물이 많다. 또한 연안에는 상하이(上海), 간코(漢口) 등이 있어서 우리나라와도 무역이 대단히 활발하다. |

## 제6 고호(吳鳳)

| | |
|---|---|
| 灣(wan)<br>祭(matsuri)<br>供(sona)<br>止(ya) | 타이완의 원주민에게는 제사 때 사람의 목을 잘라 바치는 풍습이 있습니다만, 아리산(亞里山) 원주민들에게서만은 이 나쁜 풍습을 일찍이 중지되었습니다. 이는 고호라는 사람의 덕택이라고 합니다. 고호는 지금으로부터 약 200년 전 사람으로 아리산의 관리(官吏)였습니다.<br>원주민들을 끔찍이 위했으므로 원주민들은 부모처럼 따랐습니다. |

| | |
|---|---|
| 惡(aku)<br>許(yuru) | 고호는 관리가 되었을 때부터 어떻게 해서든 사람의 목을 자르는 악습을 중지시켜야겠다고 생각했습니다. 마침 원주민이 그 앞 해에 자른 목이 약 40여개가 있었으므로 그것을 보관해 두게 하고 그 후 제사에는 매년 그 목을 하나씩 바치게 했습니다.<br>40여년은 어느새 지나 이제 제사에 바칠 머리가 다 없어졌습니다. 그래서 원주민들이 고호에게 머리 자르는 것을 허락해 주도록 청원했습니다. |

| | |
|---|---|
| 爲(tame)<br>殺(koro)<br>說(to)<br>帽(bou) | 고호는 제사를 위하여 사람을 죽이는 것은 좋지 않다는 것을 설득하며 1년 더 1년 더 연기시켜 왔습니다만 4년째가 되자,<br>“이제 아무리 해도 기다리고 있을 수 없습니다.” 라고 말했습니다. 고호는,<br>“그 정도로 머리가 필요하다면 내일 낮 무렵에 빨간 모자를 쓰고 빨간 옷을 입고 여기를 지나가는 사람의 목을 쳐라.”하고 말했습니다. |

다음 날 원주민들이 관청 부근에 모여 있자니, 과연 빨간 모자를 쓰고 빨간 옷을 입은 사람이 왔습니다. 기다리고 있던 원주민들은 곧바로 그 사람을 죽여 목을 베었습니다. 자세히 보니 그것은 고호의 목이었습니다. 원주민들은 통곡하였습니다.

그래서 원주민들은 고호를 신으로 모시고 그 앞에서 이후로는 절대로 사람의 목을 베지 않겠다고 맹세했습니다. 그래서 지금도 그대로 하고 있다고 합니다.

# 제7 도서관

| | |
|---|---|
| 圖(to)<br>棚(tana)<br>段(dan) | 우리들의 도서관은 3학년 2학기에 지었습니다. 도서관이라 해도 책은 선생님의 책장에 세 단밖에 없습니다.<br>박 군이 전학 간 자리가 비게 되었습니다. 아무도 전학 오지 않을 것 같아서 김 군과 의논하여 두 사람이 가지고 있는 그림책, 이야기책, 잡지 등을 넣어 두었습니다. 그리고 "읽고 싶은 사람은 누구라도 가져가도 좋음. 그러나 다 읽으면 바로 돌려주세요."라고 반 전체에게 말했습니다. |

| | |
|---|---|
| 册(satsu)<br>貸(ka) | 그 날은 모두가 한 권도 남아 있지 않을 만큼 가져갔습니다. 그 다음날에는 여러 학생들이 집에서 안 읽는 책을 한두 권씩 가지고 왔습니다. 전부 30여권이 되어 박 군 자리에 들어가지 않게 되었습니다.<br>선생님께 이 사실을 말씀드렸더니,<br>"좋은 일을 시작했군."이라고 하시면서 책장 두 단을 빌려 주셨습니다. 그래서 잡지는 잡지대로 그림책은 그림책대로 이야기책은 이야기책대로 따로따로 넣어 두었습니다. |

| | |
|---|---|
| 足(ta)<br>新(ara) | 넣어 보니 책장이 커서 한 단도 채 차지 않았습니다.<br>이렇게 되자 책을 모으는 것이 즐거워져서 모두가 마음먹고 가지고 왔습니다. 선생님이 이과, 지리 등의 책을 8권이나 새로 사 주셨습니다. 4학년이 되고 나서는 책이 많아져서 책장 두 단째가 거의 가득 찼습니다.<br>얼마 전 선생님께서 "이 도서관은 타인의 힘을 조금도 빌리지 않고 만들어졌으므로 참으로 장한 일이다."라고 말씀하셨습니다. |

| | |
|---|---|
| 卒(sotsu) | 책은 아직 적지만 점점 늘려서 졸업 때까지는 우리들이 읽고 싶은 책은 뭐든지 갖춰지도록 하고 싶습니다.<br>이 도서관은 졸업 기념으로 학교에 남겨 두기로 의논하고 있습니다. |

# 제8 석굴암

| | |
|---|---|
| 紅(kurenai)<br>認(mito)<br>坐(za) | 불국사를 출발하여 토함산 급경사를 2km 남짓 올라 정상에 도착했을 때 아침햇살이 동쪽 하늘을 빨갛게 물들이고 있었다. 일본해 바다는 아직 어둡다. 200여 미터 정도 내려가 석굴암에 도착했다. 동굴 밖의 불상은 희미하게 보이지만 동굴 안은 어두워서 아무것도 알아볼 수가 없었다.<br>잠시 지나자 점점 날이 새기 시작했다. 그러자 동굴 안에 먼저 모습을 드러낸 것은 화강암을 깎아 만든 석가의 커다란 좌상이었다. |

| | |
|---|---|
| 浴(a)<br>壁(heki) | 젊디 젊은 얼굴에 아침 햇살을 받고 있는 아름다움, 존엄함에는 고개가 숙여졌다. 동굴 안 주변의 벽면에 이 또한 화강암으로 양각해 놓은 보살이 점차 보이기 시작했다.<br> |

| | |
|---|---|
| 彫(chou)<br>柔和(nyuuwa) | 모두가 뛰어나고 훌륭한 조각으로, 그 앞에 서니 내 자신이 저절로 빨려드는 듯이 느껴졌다. 특히 석가상 바로 뒤편에 있는 관세음의 온화한 얼굴에는 완전히 반해 버렸다. 오른쪽에서 보았을 때는 혹시 말씀을 하시지는 않을까 하고 생각했다.<br>동굴 안의 여러 불상을 자세히 보고 석가상 앞으로 돌아오자 아침 햇살은 좌상을 완전히 비추고 있었다. |

| | |
|---|---|
| 冷(tsume)<br>接(ses)<br>傳(tsuta) | 아무리 보아도 차가운 석상이라고는 생각되지 않았다. 나는 손을 뻗어 무릎 위에 놓고 계신 이 불상의 오른손 손가락을 만져 보았다.<br>나는 불상을 보고 이 정도 감회에 젖은 적이 없었고, 또 이 30여 개의 석상을 보았을 때 만큼 좋은 느낌을 받은 적은 없었다. 이 정도의 대작을 남긴 사람의 이름이 전해지고 있지 않은 것은 아쉬운 일이다. |

| | |
|---|---|
| 美術<br>(bijyutsu)<br>進(shin)<br>帆(ho)<br>漁(gyo) | 신라시대에 이 정도의 미술을 가지고 있었던 조선문명은 분명히 뛰어난 것이었으리라.<br>이런저런 생각을 하며 약수터 근처로 나왔다. 가을 햇빛은 일본해를 두루 비추고, 두세 개의 흰 돛과 대여섯 척의 어선이 보이고 있었다. |

## 제9 농산물 품평회

| | |
|---|---|
| 評(pyou)<br>點(点)(ten)<br>邑(yuu) | 두 번째 일요일에 농산물 품평회 상장수여식이 있었다. 아버지가 출품하신 농산물 중에도 입상된 것이 두세 개 있어서 아버지와 함께 품평회장에 갔다.<br>아침 일찍 일어나 이십 리 길을 서둘렀다. 날씨가 맑아 기분이 좋았다.<br>읍내에 들어서자 품평회 선전 전단지나 광고가 여기저기 붙어 있었다. 장날보다도 인파가 많아 매우 북적거리고 있었다. |

| | |
|---|---|
| 豚(buta) | 품평회장은 그곳의 보통학교로, 교문을 들어서자 운동장에 우리를 설치하여 돼지가 출품되어 있었다.<br>재래종은 없고 개량종뿐이었다. 선전 전단지에 재래종과 개량종 돼지 그림을 재미있게 그려서, 개량종 새끼돼지 입에는 "나는 태어난 지 60일, 12원에 살 사람이 있습니다."라고 말하고 있는 것처럼 쓰여 있다. |

| | |
|---|---|
| 貫(kan)<br>鶏(niwatori)<br>殆(hoton) | 재래종 어미돼지 입에는 “나는 태어난 지 2년이나 되지만 7원에도 살 사람이 없습니다.”라고 이 또한 말하고 있는 듯이 쓰여 있다. 개량종 어미돼지 입에는 “만 1년에 체중 150kg, 가격 40엔”이라고 쓰여 있다. 아버지는 이것을 보고 “참으로 그럴듯하구나!”라고 말씀하셨다.<br>닭도 대부분 개량종뿐이었는데 프리마스록이나 레그혼은 아름다운 닭이라고 생각했다. 소가 80마리 정도 있었다. |

| | |
|---|---|
| 格(kaku)<br>特(toku) | 어느 소나 훌륭한 품종이었지만 그중에서도 우리 소는 털 색깔부터 뿔, 골격, 몸집, 발굽까지 뛰어나고 훌륭했다. 특별상이었다. 많은 사람들이 그 앞에 멈춰서서 넋을 잃고 보고 있었다. 교실에는 쌀, 보리, 콩 등이 진열되어 있었다. 이곳에는 금종이에 1등상, 은종이에 2등상이라고 적힌 것이 군데군데 붙어 있었다. 아버지가 출품한 쌀은 1등상이고 콩은 2등상이었다. |

| | |
|---|---|
| 米(mai)<br>缺(ketsu)<br>棉(men)<br>栽培(saibai) | 그곳의 선전 전단지에 "조선 쌀의 3대 결점"으로 "1. 건조가 나쁘다. 2. 흙이나 모래가 섞여있다. 3. 적미(赤米)가 많다"라고 쓰여 있었다. 아버지는 "조금 신경을 쓰면 간단하게 고칠 수 있는 것인데"라고 하셨다.<br>아버지는 솜이 진열되어 있는 것을 보고 "육지면(陸地棉)은 훌륭해. 남조선(南朝鮮) 전부가 이것을 재배하게 된다면 좋을 텐데"라고 혼잣말을 하셨다. |

| | |
|---|---|
| 煙草(tabako)<br>柿(kaki)<br>梨(nashi)<br>栗(kuri)<br>巡(jyun)<br>結(ketsu) | 누에고치도 출품되어 있었다. 담배, 땅콩도 출품되어 있었다. 무, 순무, 우엉, 연근, 배추, 양배추, 파, 감자, 고구마, 토란 등의 큰 것도 출품되어 있었다. 감, 배, 사과 등 과일에서부터 밤, 상수리나무, 소나무, 오동나무 등의 묘목, 가마니, 새끼, 멍석 등의 가공품, 농기구 등까지 진열되어 있었다.<br>한 바퀴 둘러보고 나니 상장 수여식이 시작되었다. 아버지는 상장과 상품을 받고서 "1년 내내 노력한 결과다"라며 기뻐했다. |

## 제10 조선인삼

| | |
|---|---|
| 植(shoku)<br>亦(mata)<br>珍重(chinchyou) | 조선인삼은 약용식물이다. 원래 산과 들에 자생하는 것인데 지금은 대부분 이것을 재배한다. 조선의 도처에서 다소 이것을 생산하며, 내지(內地), 만주 및 미국 일부에서도 역시 이것을 생산한다.<br>조선인삼은 대개 중국 남부로 수출한다. 중국인들이 고려인삼이라 하여 특히 귀중히 여기는 것은 개성지방에서 생산되는 것이다. |

| | |
|---|---|
| 好(kono)<br>設(mou)<br>掘(ho)<br>皮(hi)<br>府(hu)<br>製造(seizou) | 조선인삼을 재배하려면 우선 묘판을 만들어 씨를 뿌린다. 1년 후 모종을 밭으로 옮기고 5년째 가을에 수확한다. 인삼은 그늘을 좋아하는 식물이므로 인삼 밭 전체에 해가리개를 설치한다.<br>캐낸 인삼을 씻어서 표피를 벗기고 햇볕에서 말린 것을 백삼이라 하고, 찐 다음 햇볕과 화력으로 말린 것을 홍삼이라 한다. 홍삼은 조선총독부만이 제조하고 그리고 그 판매를 독점한다. |

| | |
|---|---|
| 傳說(densetsu)<br>婦(hu)<br>仰(oo) | 조선인삼에 대한 재미있는 전설이 있다. 옛날 어느 부인이 자식이 없음을 걱정하여 신에게 "자식 하나 점지해 주세요"하고 빌었다. 어느 날 밤 꿈에 신이 머리맡에 나타나셔서 "내일 산에 들어가서 지금 내가 일러주는 곳으로 가 보거라. 반드시 원하는 것을 얻을 것이다."하고 말씀하셨다. 부인은 대단히 기뻐하며 날이 밝기를 기다려 산에 올라 일러준 곳에 당도해 보니 빨갛고 아름다운 열매를 맺은 생소한 풀이 있었다. |

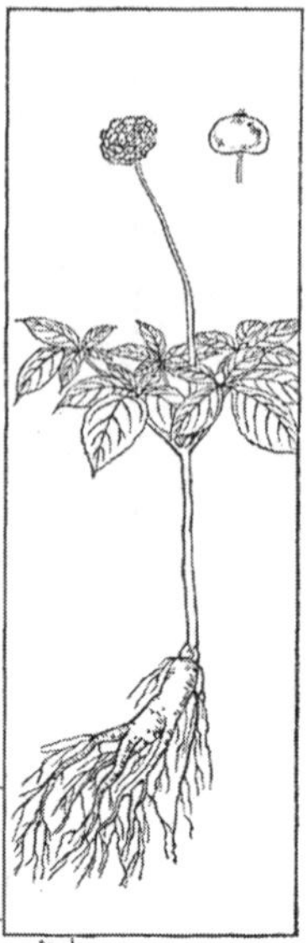

부인은 신이 점지해 주신 것이 이것이겠구나 하고 생각하여 그 열매를 따가지고 돌아와 밭에 뿌렸다. 얼마 후 싹이 나오고 차츰 성장하자 부인이 자기 자식처럼 이것을 애지중지 키우니 세월이 흘러 큰 인삼이 되었다.

부인은 이것을 전적으로 신의 선물로 생각하고, 자신이 일생 해야 할 사업으로 생각하여 그때부터 인삼재배에 힘을 다해 장수를 누려 행복하게 살았다고 한다.

## 제11 시장

| | |
|---|---|
| 活(katsu)<br>檎(go)<br>反(tan) | □ 요즈음 남문시장에 나가 보면 우리들의 일상생활에 필요한 모든 물품은 뭐든지 있다. 쌀이 필요하면 쌀이 있다. 보리가 필요하면 보리가 있다. 고추도 마늘도 소금도 명태도 다시마도 있다. 무, 배추 등의 야채에서부터 감, 사과 등의 과일까지 좋아하는 물건을 필요한 만큼 살 수가 있다. 포목, 짚신, 빨래방망이, 세면기, 빗자루, 창호지, 지게, 문패, 모자 등 대부분의 물건은 시장에 가면 구할 수 있다. |

| | |
|---|---|
| 鯉(koi) | <br>□ 열너덧 마리 되는 닭의 한쪽 발을 한 마리한 마리 가느다란 새끼줄로 묶고, 그 새끼줄 끝을 무릎 밑에 깔고 있는 닭장수가 있다. 잉어를 대야에 풀어 놓고 끊임없이 손님에게 권하는 생선장수도 있다. 말린 도라지 뿌리나 고사리도 팔고 있다. |

店(mise)
飴(ame)

약간 높은 곳에서는 장작이나 솔잎을 팔고 있다. 전부 팔아도 15전이나 20전밖에 되지 않을 거라 생각될 정도의 작은 가게도 있다. 엿이나 성냥을 파는 아이도 많다.

| | |
|---|---|
| 定(sadama)<br>存(zon) | □ 시장에 나오는 대부분의 상인은 장에서 장으로 돌아다니는 사람들인데, 그 중에는 자기 집에서 만든 것을 손수 팔거나 또는 남은 잡곡이나 야채 등을 가지고 나와 필요한 물건으로 교환하러 오는 사람도 있다. 시장상인의 상품에는 대략 정해진 가격이 있지만, 집에서 가지고 나온 물건은 그날 사는 이와 파는 이에 의해 시장가격이 형성된다. 그 중에는 앞다투어 파는 경쟁도 있고 사는 경쟁도 있어서, 의외로 비싸게 사거나 의외로 싸게 파는 경우도 있다. |

| | |
|---|---|
| 戚(seki) | □ 장날에는 우연히 친척이나 아는 사람을 만나는 경우도 있다. 집집마다 시장에서 돌아오는 길에 사 오는 선물을 기다리고 있다. 조선의 장날은 모두에게 즐거운 날이다. |

## 제12 히노(日野)와 개성(開城)

| | |
|---|---|
| 縣(ken)<br>郡(gun)<br>有(yuu)<br>似(ni) | 히노(日野)는 시가(滋賀)현 가모(蒲生)군에 있는 고장으로, 유명한 오미(近江)상인은 대부분 이곳 출신이다. 이곳은 작아서 개성(開城)처럼 북적거리지는 않지만 상업적으로는 개성과 매우 비슷하다.<br>히노도 개성도 교통 및 산업 면에서 보면 상업지는 아니지만 히노상인, 개성상인 모두 상업분야에 큰 비중을 두고 있다. 그것이 양쪽 모두 행상에 의해 그 기초를 만들었다는 점이다. |

| | |
|---|---|
| 絹(kinu)<br>質素(sisso)<br>儉(ken)<br>店(ten)<br>勤(kin)<br>敏(bin) | 개성상인은 비단옷 입는 것을 부끄러워 한다. 히노상인도 사치스런 옷차림을 좋아하지 않는다. 모두 다 검소, 검약을 존중하는 기풍이 강하다.<br>개성상인은 거의 조선 전도(全道)의 상업에 관계를 갖고 있다. 히노상인은 멀리 간토(關東)지방에 지점을 내고 상업에 힘쓰고 있다. 양쪽 다 근면하고 기민하다. |

히노상인은 도쿠가와(徳川)시대의 통신과 교통이 불편했을 때 조합을 만들어 상품의 수송, 통신, 송금, 숙박 등의 편의를 도모했다. 개성상인은 다년간의 경험으로부터 장부 기입법을 고안하여 지금도 이 방법을 쓰고 있다.

점원을 믿고 지점의 경영 또는 거래상의 일들을 모두 맡기는 습관은 히노, 개성 모두 동일하다. 히노상인에게는 무사의 자손이 많고 개성상인에게는 양반자손이 많다.

히노와 개성은 내지와 조선으로 멀리 떨어져있지만, 장사 방법에는 서로 대단히 가까운 점이 있다.

徳(toku)
宿(syuku)
宜(gi)
使(shi)
員(in)
營(ei)
孫(son)

## 제13 구조선

| | |
|---|---|
| 恐(oso)<br>嵐(arashi)<br>沈沒(chimbotsu)<br>勇(yuu) | 무서운 폭풍이 해안에 몰아치고 있다. 침몰 하고 있는 배가 구조를 요청하고 있다. 구조선 준비는 되었다. 그런데 아직 한 사람이 부족하다.<br>“어머니 저를 배에 타게 해 주세요”<br>라고 용길은 어머니를 향해 말했다.<br>용길이의 아버지는 반 년 전쯤에 어선을 타고 바다로 나간 채 돌아오지 않았다. |

| | |
|---|---|
| 靜(sizu) | 의지하고 있는 아들에게 만일의 일이라도 생긴다면 하는 생각에 어머니는 용길이를 구조선에 태우는 것이 걱정스러워 견딜 수 없었다. 그러나 배는 금방이라도 가라앉으려고 한다.<br>그 안에는 틀림없이 많은 사람들이 타고 있을 것이다. 어머니는 결심했다. 그리고 조용한 목소리로,<br>"타고 가거라"<br>하고 말했다. |

| | |
|---|---|
| 對(tai)<br>夫(otto)<br>胸(mune)<br>疊(tatami)<br>無(bu) | 아들에 대한 걱정과 남편을 잃은 슬픔으로 가슴은 찢어지는 것 같았다. 어머니는 집에 돌아와 방바닥 위에 엎드린 채 오랫동안 움직이려고도 하지 않았다.<br>갑자기 집 앞에서 사람 소리가 들렸다. 용길이가 숨을 헐떡이며 들어왔다.<br>"어머니 기뻐해 주세요. 저는 무사히 돌아왔습니다. 배에 타고 있던 사람들은 모두 구조되었습니다" |

| | |
|---|---|
| 驚(odoro)<br>賣(bai) | 용길이는 이어서 말했다.<br>"그리고 어머니! 아버지가 돌아오셨습니다"<br>어머니는 전혀 뜻하지 않은 아들의 말에 꿈인가 하며 놀랐다.<br>"아버지는 그 배 안에 계셨습니다. 이전에 폭풍으로 배가 부서졌을 때 아버지는 외국 배에 구조되었습니다. 그 배는 아버지를 태운 채 항구를 돌며 장사를 한 후 다시 이곳 바다로 왔습니다. 그리고 이 폭풍을 만난 것입니다."<br>그때 뚜벅뚜벅 발소리가 나더니 수염이 길게 자란 사람이 집으로 들어왔다. 그것은 용길이 아버지였다. |

## 제14 해신과 달신

| | |
|---|---|
| 濱(hama)<br>師(shi) | 옛날 어느 바닷가에 엔우(延烏)와 사이우(細烏)라는 어부 부부가 살고 있었다. 어느 날의 일이었습니다. 엔우가 여느 때처럼 바다에서 해초를 뜯고 있자니 옆에 있던 바위가 흔들흔들 움직이기 시작했다. 이상하게 여기면서 짚신을 벗고 그 위로 올라가자 바위는 갑자기 떠올라 엔우를 태운 채 먼 바다로 점점 움직여 갔다. |

| | |
|---|---|
| 鏡(kagami) | <br>하늘은 아주 맑고 바다는 거울처럼 잔잔했다. 바위는 둥실둥실 떠내려가다가 얼마 후 어느 해안에 다다르는가 싶더니 그곳에 착 달라붙어 버렸다. |

| | |
|---|---|
| 違(chiga)<br>違(i) | 그 지방 사람들은 바위 위에 사람이 타고 온 것을 보고 놀랐다. 그리고는 "분명히 훌륭한 분임에 틀림없어!"라고 생각하여 엔우를 대단히 존경했다.<br>아내인 사이우는 남편이 돌아오지 않아 걱정을 하며 해안으로 나가 보았지만, 그곳에는 벗어던진 짚신이 있을 뿐이었다. "바다 속으로 들어가셨음에 틀림없어"라고 생각하여 바위를 안고 울었다. |

그러자 그 바위도 움직이기 시작하여 사이우를 태운 채 먼바다로 쑥쑥 떠내려갔다. 그리고는 그 전의 바위와 같은 해안으로 가서 붙어 버렸다.

엔우와 사이우가 다른 곳으로 간 후로는 원래 있던 해변은 갑자기 어두컴컴해졌다. 햇빛은 뿌옇게 희미해져 버리고, 달빛은 완전히 없어져 버렸다. 매일 으스스하고 어두침침한 날씨가 이어지게 되었다.

| | |
|---|---|
| 明(aka)<br>願(nega) | 어느 박식한 사람이 말했다.<br>“엔우와 사이우는 해신(日神)과 달신(月神)이었던거야. 두 사람을 다시 불러오지 않으면 원래대로 밝아지진 않아”<br>그래서 심부름꾼이 멀리 엔우를 찾아가 돌아오도록 부탁했다. 그렇지만 엔우는<br>“아니오, 나는 돌아가지 않을 거요. 내가 이곳에 온 것은 그만한 까닭이 있어서요. 여기 줄무늬 옷감이 있어. 이것은 아내가 짠 것이니, 이것을 제사지내면 돼”라고 하였다. 심부름꾼은 그것을 가지고 돌아와 제사지냈다. 그러자 해와 달은 원래대로 밝아졌다는 이야기이다. |

## 제15 면사무소

| | |
|---|---|
| 務(mu)<br>計(kei)<br>稅(zei) | 매일 면사무소 앞을 지나 학교에 가는 학생 중에 "면사무소에는 누가 있을까?"하고 말을 꺼낸 사람이 있었다. "면장님이야!"하고 한 사람이 바로 대답을 하자 "회계원이나 서기도 계시지!"하고 누군가가 말했다.<br>그러고 나서 "면사무소는 무엇을 하는 곳일까?" 하는 이야기로 이어져 문제가 되었다. "나는 요전에 세금을 내러 갔어!"라고 한 명이 말하자 "언젠가 아버지가 여동생 출생신고서를 내셨어!"라고 또 한 사람이 말했다. |

| | |
|---|---|
| 監督<br>(kantoku) | "나는 지난번 옆집 아주머니가 돌아가셨을 때 매장허가증을 받으러 갔어!"라고 말하는 사람도 있었다.<br>이렇게 되자 "면장님이 감독을 하며 도로를 보수하고 계셨어"라든지 "티푸스가 유행했을 때 면사무소에서 소독하러 왔었어"라든지 여러 가지 보고 들은 것을 서로 이야기했다. |

| | |
|---|---|
| 扱(atsuka)<br>洞(dou)<br>區(ku) | 어느 날 이 이야기를 선생님께 했더니 "면사무소는 그 면 안의 산업, 위생, 소방, 호적 등의 일을 취급하는 곳이야"라고 말씀하셨다. 또한 면에는 면협의회가 있다는 것과 정(町), 동(洞), 리(里)에는 구장(區長)이 있다는 것 등도 가르쳐주셨습니다. |

## 제16 노기(乃木)대장

| | |
|---|---|
| 既(sude)<br>征(sei) | 1904년 5월 1일 노기대장은 여순(旅順)의 요새를 공격하는 사령관이 되셨습니다. 이보다 먼저 두 아들 가쓰스케(勝典), 야스스케(保典)는 이미 만주 벌판에 출정해 있었는데 때마침 대장이 도쿄에서 히로시마에 도착하신 29일에 장남 가쓰스케 씨의 전사 통지가 왔습니다.<br> |

| | |
|---|---|
| 詩(uta) | 대장이 부인에게 "한 사람이 전사해서는 관을 마련해서는 안 된다. 부자(父子) 세 명의 장례식을 한꺼번에 하도록 하시오"하고 말씀하신 것은 이때 일입니다.<br>6월 6일 대장은 만주에 상륙하셔서 8일 남산(南山)에 새 전쟁터를 지나 가쓰스케 씨 묘 앞에 서서 "군마는 멈춰서고, 사람은 말이 없구나!"라는 시를 지으셨습니다. |

| | |
|---|---|
| 銃丸(jyuugan)<br>未(mi) | 대장이 요새공격에 진력하신 지 반년이 되어, 야스스케 씨는 우안(友安)여단 부관으로서 니레이(爾靈)산 공격군 안에 계셨는데 12월 1일 여단장의 명령으로 무라카미(村上)연대에 연락임무를 마치고 돌아오는 길에 총탄에 이마를 맞아 비장한 전사를 하셨습니다.<br>2일 새벽 이 소식이 군사령부에 전달되었습니다. 시라이(白井)참모가 대장에게 이 일을 보고하자 때마침 의자에 걸터앉은 채로 주무시고 있던 대장은 "응 그래!"하고 한마디 하셨을 뿐이었습니다. |

| | |
|---|---|
| | 잠시 후 “지금 야스스케가 부관 견장을 차지 않고 왔기에 꾸짖어 돌려보내는 꿈을 꾸고 있었다.” 고 하셨습니다. |
| 難(nan) | 여순 요새는 난공불락으로 소문이 나 있었습니다. 이 요새를 함락시키기 위해 아군의 사상자가 6만여 명에 달했다고 합니다. 대장은 이렇게 엄청난 사상자가 난 것을 진심으로 비통해하셨습니다. |

# 제17 삼한사온

| | |
|---|---|
| 殊(koto)<br>覺(obo) | 조선의 겨울은 북서풍이 많다. 이 바람이 한번 불면 한기가 특히 심하여 내리쬐는 햇빛조차 약해져 지상의 얼음이 조금도 녹지 않고 지나가는 소의 침이 얼어붙는 것을 본다.<br>이런 날씨가 2, 3일 계속되면 북서풍이 주춤하고 온기를 느낀다. 하늘에는 구름이 나타나 기온은 차츰 올라간다. 이 때 남풍이 불면 해상의 따뜻한 공기가 지상을 덮기 때문에 봄인가 할 정도로 따뜻함을 느낀다. |

| | |
|---|---|
| 均(kin) | 이윽고 비가 오거나 눈이 온 후에 하늘이 맑아졌는가하면 다시 북서풍이 강해져 추운 날이 온다.<br>이렇게 날씨가 변하기를 한 달에 평균 4, 5회되므로 삼한사온이라는 이름도 저절로 생길 법하다. 그러나 추운 날은 사흘로 정해진 것이 아니며 따뜻한 날은 나흘로 한정된 것이 아니다. 삼한사온이란 즉 추운 날 뒤에 따뜻한 날이 오고, 따뜻한 날에 이어서 추운 날이 온다는 의미이다. |

| | |
|---|---|
| 經(he) | 경성에서는 10월 초에 이미 삼한사온을 느낀다. 11월 12월을 지나 1월에 들어가면 영하 20도 내외의 추위에 이른다. 그렇지만 춥고 따뜻한 변화가 있으므로 지내기 쉽다. |

## 第18 눈 내린 아침

| | |
|---|---|
| 畑(hatake) | 어젯밤부터 내린 눈이 오늘 아침에는 활짝 개어 눈에 보이는 세상이 온통이다.<br>바위가 뾰족한 산도 눈에 묻혀 완만해지고 아침 햇살을 받아 반짝반짝 빛나고 있다.<br>산기슭 주변에 데여섯 채 늘어서 있는 농가에서 연기가 낮게 기는 듯 피어오른다.<br>논도 밭도 눈으로 뒤덮여 논두렁도 그루터기도 분간 할 수 없다. 그 사이를 강이 고목나무 가지처럼 갈라져 가는 선을 이루고 있다. 물은 완전히 지면에 얼어붙고 갈대는 꺾인 채 바람이 불어도 움직이려고도 하지 않는다. |

| | |
|---|---|
| 梢(kozue)<br>飛(to) | 강가의 포플러는 모두 잎이 떨어져 빗자루처럼 늘어서 있다. 한층 더 높은 나뭇가지 끝에 까맣게 보이는 검은 덩어리는 아마도 새 둥지일 것이다.<br>아까부터 가만히 앉아있던 까치가 휙 하고 날아올라 다른 나뭇가지로 옮겨갔다. 눈이 펄펄 내린다.<br>바람이 한 차례 나무를 흔들고 하늘로 스쳐지나간다. |

## 제19 대삼림(大森林)

| | |
|---|---|
| 森(shin)<br>積(seki)<br>去(ko)<br>富(hu) | 조선의 대삼림은 압록강, 두만강의 상류지방에 있고 함경남북도 및 평안북도에 걸쳐있다. 총면적은 약 220만 정보라고 한다. 홍송(紅松), 삼나무, 낙엽송, 조선사시나무, 참피나무, 백양나무 등이 울창한 곳이 많다.<br>이 대삼림의 수목은 과거 수 만년동안 저절로 성장하고 저절로 말라 저절로 썩었지만 1910년 영림청을 둔 이래 벌목, 목재 운반, 제재, 조림 시설이 점차 갖추어져 지금은 커다란 재원으로 개발되기에 이르렀다. |

| | |
|---|---|
| 伐(ki)<br>氷(hyou)<br>雪(setsu) | <br>여름에 벌채한 목재는 땅이 얼기를 기다리던지 적설을 이용하여 산 밑으로 끌거나 굴려서 목재를 적당한 곳으로 모은다. |

| | |
|---|---|
| 輕(kei)<br>初(syo)<br>原(gen) | 또한 그것을 간이철도, 목마(木馬) 등을 이용한다든지 또는 소로 끌게 하여 강기슭으로 운반한다. 이리하여 초여름의 해빙기를 기다렸다가 뗏목으로 만들어 떠내려 보낸다. 가장 본격적인 시기는 6월에서 9월까지이다.<br>신의주 또는 회령에 모아진 목재는 원목 그대로 팔거나 혹은 제재하여 수요자에게 넘긴다. 조선전도에서 필요로 하는 목재는 대체적으로 이 삼림에서 벌채한 나무이며 지금은 내지로 반출되는 것도 적지 않다고 한다. 참으로 천연의 보고라고 할만하다. |

| | |
|---|---|
| | 그러나 어떠한 대삼림이라도 그저 벌채만하고 조림에 신경을 쓰지 않는다면 마침내는 황폐하게 될 것이다. 영림청에서는 벌채한 다음 또는 나무가 없는 땅에 묘목을 심어 끊임없이 조림에 전념하고 있다. |

# 제20 일본해

나는 지도 보는 것을 좋아합니다. 지도를 보고 있으면 여러 가지 일이 떠오릅니다. 생각하면 할수록 일본해는 재미있는 바다라고 생각합니다.

마미야(間宮), 소야(宗谷), 쓰가루(津軽), 조선, 쓰시마(對馬)의 5개 해협을 막으면 일본해는 마치 연못 같습니다.

圖(zu)
峽(kyou)

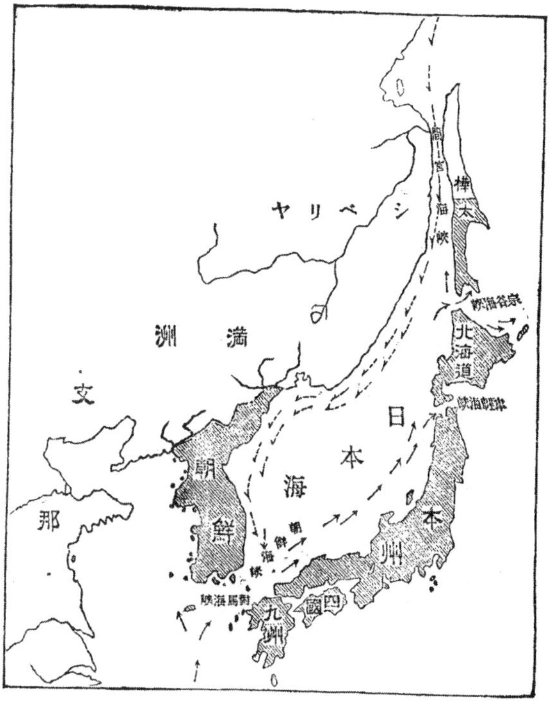

| | |
|---|---|
| | 그 주변의 육지로 시베리아와 사할린 일부를 제외하면 모두 일본 영토입니다. 그 때문인지 나에게는 일본해가 자신의 것처럼 생각됩니다. |
| 勢(sei)<br>裏(ura) | 조선의 지세를 보면 서쪽이 앞이고 일본해 연안은 뒤처럼 느껴집니다. 혼슈(本州)에서도 일본해 연안 지방을 뒷일본이라고 합니다. 아무리 봐도 일본해는 일본국의 뒷마당에 있는 커다란 연못입니다. |

이 뒷마당의 연못에 조류가 둘 있습니다. 그것은 남쓰시마 해협에서 시작하여 뒷일본을 따라 소야해협으로 향하는 것과, 북소야해협에서 시작하여 조선의 동해안을 거쳐 조선해협으로 향하는 것입니다. 남쪽에서 오는 것은 따뜻하고 북쪽에서 오는 것은 차갑습니다. 이로써 뒷일본이 조선의 동해안 지방에 비해 따뜻한 이유를 알게 됩니다.

| | |
|---|---|
| 比(hi)<br>暖(dan)<br>收益(syuueki) | 교통이 불편한 먼 옛날에도 이 조류에 따라 내지와 조선 사이를 서로 이주하거나 왕래했으리라 생각합니다.<br>한류와 난류가 서로 만나는 바다에는 수산물 종류가 많다고 합니다. 청어, 정어리, 대구, 명태, 연어, 송어, 고등어, 방어, 전복, 해삼, 고래, 다시마, 미역 등은 일본해의 주산물로 이것으로 거액의 수익이 있다고 합니다. |

## 제21 신포(新浦)의 명태어장

| | |
|---|---|
| 養(you)<br>頗(sukobu) | 함경남도 신포는 명태어장으로 유명한 곳이다. 앞에는 마양도(馬養島)를 끼고 있어 천연의 좋은 항구여서 명태잡이 철에는 어선이 4, 5백 척이나 드나들어 대단히 북적거린다.<br>명태는 9, 10월경에 강원도 남쪽 근해에서 잡히기 시작해 점차 어장이 북쪽으로 이동하여 3, 4월경 함경북도에 이르는 것이다.<br>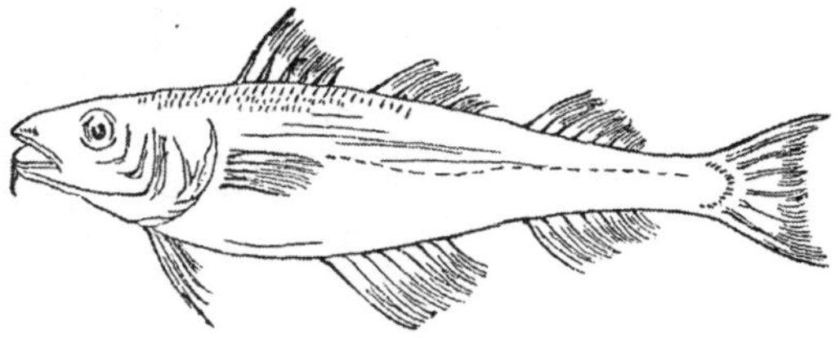 |

<table>
<tr>
<td>卵(ran)</td>
<td>그 중에서 12월부터 1, 2월에 걸쳐 마양도의 수십리 먼바다에서 잡히는 것을 최상품으로 여기고 있다. 그것은 산란기이기 때문이다.<br><br>명태잡이 철에 신포에 가보면, 집과 집 사이의 광장에는 선반을 높게 만들어 거기에 명태를 걸어 말리고 있다. 한창 때가 되면 신포는 명태로 뒤덮여 버린다. 이곳에서는 1년 간 생활비를 이 세 달에 벌어들인다고 하니까 얼마나 많이 잡히는 지 그 자체만으로도 알 수 있다.<br><br></td>
</tr>
</table>

| | |
|---|---|
| 積(tsu)<br>旗(hata)<br>尾(o) | 어선은 대개 그물을 싣고 출항한다. 어장에 도착하면 이전에 쳐 두었던 그물을 걷어 올리고, 싣고 간 그물을 치고 돌아온다. 만선일 때에는 빨간 깃발을 세우고 뱃노래를 부르면서 힘차게 돌아온다. 순풍일 때에는 돌아오는 길에 그물에서 고기를 떼어내어 10마리씩 칡넝쿨로 엮어 놓지만, 바쁠 때는 선착장에 도착하고 나서 그 작업을 한다. |

| | |
|---|---|
| 去(sa) | 이리하여 어획량이 분명해지고 어부의 손에서 넘겨지면, 생선을 운반하는 사람, 그물을 운반하는 사람, 생선 배를 갈라 내장을 제거하여 간이나 알을 채취하는 사람, 명태를 씻어 선반에 거는 사람, 그물을 말리거나 또는 수선하는 사람, 간에서 기름을 짜는 사람 등 각각 분업이 되어 있다. |

| | |
|---|---|
| 止(shi) | 어선이 돌아 온 때가 아침이든 밤중이든 선반에 모두 걸기까지 결코 작업을 중단하는 일은 없다. 영하 20 몇 도라는 혹한 속에서도 꿈쩍도 않는 이 작업 태도는 실로 용맹스런 것이다.<br>조선에서 일년내내 밥상을 푸짐하게 하는 명태는 이 마양도 먼바다에 모이는 명태 떼의 몇 분의 일이나, 몇 십분의 일에 지나지 않는다고 한다. |

## 제22 분업

| | |
|---|---|
| 損(son) | 성냥은 하찮은 물건으로 값도 싸서 한 꾸러미 열 갑을 10전 정도에 살 수 있다. 그러나 이것을 혼자서 만든다면 이렇게 싸게 팔릴 수 있을까.<br>가령 쉬지 않고 일해도 혼자서는 하루에 열 갑은 만들 수 없을 것이다. 설령 만들 수 있었다고 할지라도 그것을 10전 정도에 팔아서는 돈을 벌 수 없을 것이다. 돈이 벌리기는 커녕 커다란 손해를 보게 된다. 그렇다면 성냥은 어떻게 누가 만드는 것일까? |

| | |
|---|---|
| 職(shoku)<br>乾(kawa) | 성냥공장에 가보면 직공들이 많이 있어 각자 분담하여 일하고 있다. 목재를 기계에 걸어 성냥개비를 만드는 사람도 있고, 그것을 불로 건조시키는 사람도 있고, 말린 성냥개비 끝에 화약을 입히는 사람도 있고, 화약을 바른 성냥개비를 온실에서 말리는 사람도 있고, 말린 것을 모아서 성냥갑에 넣는 사람도 있으며, 성냥갑에 넣은 것을 10개씩 모아 포장지로 싸는 사람도 있다. |

| | |
|---|---|
| | 모든 것을 이런 식으로 분담하여 따로따로 일을 하는 것을 분업이라 한다.<br>분업으로 만들면 그 품질이 좋을 뿐만 아니라 생산량이 아주 많아서 한사람 한사람 따로따로 만드는 것과는 비교가 되지 않는다. 따라서 성냥 열 갑을 10전 정도에 팔아도 그에 상응하여 돈이 벌리는 것이다. |

분업은 성냥 제조뿐만은 아니다. 부채를 만들 때에도, 시계를 만들 때에도, 집을 지을 때에도 모두 분업에 의하는 것이다. 분업으로 일을 할 때 누군가 한 사람의 솜씨가 나쁘면 전체적인 품질까지도 나빠진다. 역시 세상은 상부상조하는 것이다.

# 제23 한식일

| | |
|---|---|
| 墓(bo)<br>墓(haka) | 2월 말, 혹은 3월 초에 한식일이라고 하여 조상에게 제사를 지내고 성묘를 하는 날이다. 즉 묘 주위에 나무를 심고 풀을 뽑아 청결히 하고 무너진 곳을 손질하는 등의 일을 하는 날이다.<br> |

설날, 단오, 추석에 이 날을 더해 4대 명절로 삼는다.

한식이란 불을 피우지 않고 찬 음식을 먹는 것을 말한다. 옛날 중국에서 충신이 산 속에 숨어 있는 것을 찾아내려고 하여 불을 지르자 그 사람이 불에 타 죽었다. 사람들이 이를 불쌍히 여겨 한식(寒食)했다는 전설에서 비롯된 것이다.

| | |
|---|---|
| 落(raku)<br>餅(mochi)<br>遊(yuu) | 옛날에는 촌락 등에서는 한식을 행한 곳이 있었지만 지금은 그런 일이 없다. 떡, 불고기, 면류 등 맛있는 음식을 만들어 일을 쉬며 하루를 즐겁게 논다. |

## 제24 황태자 전하의 해외 순방

| | |
|---|---|
| 給(tama)<br>奉(hou)<br>祈(ino)<br>航(kou)<br>歳(sai) | 1921년 3월 3일 황태자 히로히토 친왕전하께서 도쿄를 출발하시어 해외 순방 길에 오르셨다. 국민들의 환송이 성대하였으며 순방 길의 평안하심을 기원하지 않는 이가 없었다.<br>오전 11시 30분에 승선하실 가토리(香取)함과 수행할 가시마(鹿島)함이 조용히 출항을 시작하니 요코하마 앞바다와 뭍에서는 만세소리가 울려 퍼졌다.<br>오후 3시 함대는 하야마(葉山) 황실 별장이 있는 바다를 통과하였다. |

| | |
|---|---|
| 陛(hei) | 이 때 전하께서는 갑판 위로 나오셔서 자세를 바로잡으시어 양 폐하께 요배를 하시고 망원경으로 별장을 바라보시며 이별을 아쉬워하셨다.<br>3월 6일 오키나와 상륙, 10일 홍콩 도착, 18일 싱가포르 도착, 28일 콜롬보에 도착하셨다. 점점 기분이 밝아지셨다. 4월 15일 수에즈 도착, 24일 몰타섬, 30일 지브랄타에 안착하셨다.<br>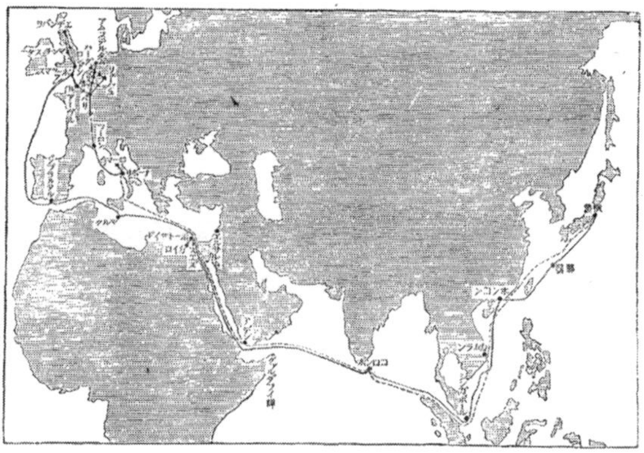 |

| | |
|---|---|
| 英(ei)<br>成(na) | <br><br>5월 10일 영국 런던에 도착하셨다. 11일은 런던 시장이 황태자 전하를 환영하는 날이다. 정오에 전하는 영국 황태자 전하와 함께 환영 식장에 행차하셨다. 지나가시는 길에는 영국  국민들의 환영이 대단히 성대했다. |

| | |
|---|---|
| 代(yo)<br>起(ki)<br>妻(sai) | 전하가 식장에 도착하시자 '기미가요' 연주와 함께 일동이 기립하여 맞이했다. 전하는 시장의 안내를 받으며 일동이 경례하고 있는 사이를 조용히 나아가시어, 여러 단 높은 연단 위의 좌석에 착석하셨다.<br>전하의 자리 뒤에는 시장 부처의 자리가 있었다. 그리고 뒤쪽에는 영국 황족, 귀빈, 일본 고관, 수행원의 자리가 있었다. |

| | |
|---|---|
| 置(chi)<br>私語(shigo) | 각자가 지정된 자리에 앉자 비로소 일동이 착석하여 한 사람도 잡담을 하는 사람 없이 장내가 물을 끼얹은 듯하였다. 전하는 침착하신 모습으로 의자에 앉아 계셨다.<br>이윽고 시장은 전하의 앞으로 나와서 환영사를 하였다. 환영사가 끝나자마자 황태자 전하는 의자에서 일어나시어 연단 앞쪽으로 나아가셔서 일동을 바라보며 가볍게 절을 하시고 낭랑한 목소리로 답사를 낭독하셨다. |

| | |
|---|---|
| 士(shi) | 그동안 일동은 마치 취한 듯하였다. 낭독이 끝나자 일제히 박수가 터져 나왔다. 이 광경을 본 일본인들은 크게 감격하여 말 할 바를 몰랐다. 이날 청중들은 외국의 명사 천 명 정도였으며, 순방 기간 중 가장 빛나는 날이었다.<br>그 후 영국에서는 명소를 둘러보시고 31일 프랑스 파리에 도착하셨다. |

| | |
|---|---|
| 再(hutata)<br>滯(tai) | 6월 10일 벨기에 수도 브뤼셀, 15일 네덜란드 수도 암스테르담을 방문하시고, 26일 다시 파리로 돌아가셨다. 11일 동안 체재하셨다. 이 기간에 유명한 제1차 세계대전의 전적지를 돌아보셨다.<br>7월 7일 파리를 출발하여 투롱에서 승선하시어 12일 이탈리아 로마에 도착하셨다. 19일 나폴리에서 드디어 귀항 길에 오르셨다. 그로부터 40여일에 걸친 긴 항해도 별 탈 없이 9월 30일 오전 9시 요코하마에 도착하셨다. |

| | |
|---|---|
| 建(ken)<br>未(ima)<br>仰(ao)<br>奉(tatematsu) | 황태자 전하가 건국 이래 지금껏 없었던 쾌거를 경하스럽게 마치신 것에 대해 온 국민은 하나같이 서로 기뻐하며 높으신 덕을 칭송하였다. |

## 제25 스가와라노 미치자네

| | |
|---|---|
| 幼(osana) | 스가와라노 미치자네(菅原道真)는 어릴 적부터 학문에 전념하고 행실을 올바르게 해서 관리가 되고 나서도 중용되었다.<br>관리 중에 미치자네의 출세를 시기하여 모함하는 자가 있었다. 미치자네는 마침내 관직에서 해임되어 도읍지에서 멀리 떨어진 서쪽 지방의 다자이후(太宰府)에 유배당하게 되었다. |

“봄바람이 불게 되면 훌륭하게 꽃을 피워 다오. 설령 내가 없더라도 봄이 온 것을 잊지 말아 다오.”

미치자네는 이런 의미의 시를 지어 마당에 있는 매화나무와의 이별을 아쉬워했다.

몇 백리나 되는 긴 여정을 비바람 맞으며 슬픈 여행을 계속한 미치자네의 마음은 어떠하였을까. 어떤 사람이 완전히 변한 그 모습을 보고 깜짝 놀랐다.

梅(ume)
變(kawa)

| | |
|---|---|
| 淋(sabi) | "놀라지 말게나! 모든 것을 포기하고 있으니까." 라고 하며 미치자네에게는 아무도 원망하는 마음이 없었다.<br>외로운 서쪽 끝에 거처를 정하여 봄을 보내고 가을을 맞이해도 도읍지의 일들이 떠올랐다. 천황의 고마운 은혜가 가슴 절절히 느껴졌다. 미치자네는 시를 지어 쓸쓸한 마음을 달랬다. |

| | |
|---|---|
| 罪(tsumi) | 서쪽 지방에 온지 3년 후 미치자네는 세상을 떴는데, 그 후 무죄가 밝혀져 높은 지위를 하사 받았다.<br>덴만구(天満宮)는 미치자네를 모신 신사이다. |

## 제26 하늘을 헤매다

| | |
|---|---|
| 善(zen)<br>飛(hi) | 일중 친선을 위해 1921년 9월 27일 도쿄(東京) 장춘(長春) 간 비행을 개시하게 되었다. 우선 도코로자와(所沢)를 출발하여 우리들의 비행기 네 대는 규슈의 다치아라이(太刀洗)로 향했다.<br>이 무렵 만주에서 황사가 날아와 연일 하늘을 덮어서 태양은 새빨갛게 보였다. 네 대의 비행기는 다치아라이에서 날이 좋아지기를 헛되이 기다렸다. |

10월 4일은 쓰시마(対馬), 조선 양 해협을 횡단하여 경성(京城)까지 비행하는 날이다. 오전 9시 15분 네 대의 비행기는 연달아 출발하여 후쿠오카(福岡), 가라쓰(唐津)를 경유하여 해상으로 나왔다. 나는 얼마 안 있으면 이키(壱岐), 쓰시마를 볼 수 있을 거라고 생각하며 나아가고 있었는데, 갑자기 나침반이 고장을 일으켜 전혀 방향을 잡을 수가 없게 되었다.

| | |
|---|---|
| 頂(itataki) | 그러던 중에 내 비행기는 안개 속으로 들어가 끝끝내 이키도 쓰시마도 볼 수 없었다. 안개 속에서 빠져나오자 다시 황사 속으로 들어갔다. 나는 완전히 하늘을 헤매고 말았다. 이때가 10시 40분이었다.<br>비행한지 30분이 지나 비로소 산 정상을 보았다. 그러나 그것은 바다의 외딴섬으로 인가(人家)는 보이지 않았다. 북동풍이 차츰 강해져 기류는 점점 나빠졌다. |

| | |
|---|---|
| 變(hen) |  <br><br>나는 이 외딴섬을 일본 해상에 있는 것으로 생각했다. 이제 와서 보니 그것이 잘못이었다. 내 비행기는 먼저 방향을 바꾸어 이미 황해로 나와 있었던 것이다. 나는 방향을 왼쪽으로 틀어 조선을 횡단하려고 생각했다. |

| | |
|---|---|
| 油(yu) | 약 한 시간 비행했으나 더더욱 육지를 볼 수 없었다. 나는 다소 불안함을 느꼈다.<br>그로부터 전진하기를 두 시간, 다치아라이를 떠나 온지 이미 네 시간, 다른 세 대의 비행기는 경성에 도착해 있을 거라고 생각하니 마음이 초조해졌다. 그래서 연료를 재 보니 아직 세 시간은 비행할 수가 있었다. |

| | |
|---|---|
| 若(mo) | 나는 가만히 생각했다. "내 비행기는 어느 방향을 향하고 있는지 전혀 알 수 없어. 기울어 가는 해의 방향을 서쪽이라고 정하는 것 외에는 방법이 없어. 만일 태양을 따라서 나아가면 세 시간 안에는 중국대륙에 도착할 수 있을지도 몰라!"라고. 그리고 나서 나는 망설이지 않고 조종간을 태양 쪽으로 향하였다. |

날아도 날아도 하늘과 바다와 태양 외에는 눈에 들어오는 것이 없었다. 나는 결국에 어떻게 될까 하고 걱정하지 않을 수가 없게 되었었다. 시계는 오후 4시를 가리키고 있었다. 이미 두 시간 서쪽으로 비행하고도 아직 육지를 보지 못한 것이다. 다시 연료를 살펴보니 이제는 50분을 버틸 수 있는 양밖에 없었다. 이것을 보고는 내 목숨은 이 바다 위에서 다하는 것이라고 각오했다.

| | |
|---|---|
| 貴(ki)<br>底(tei)<br>譯(wake) | 나는 비행할 때마다 목숨은 내걸고 있으므로, 이제 와서 이 몸을 아깝다고는 생각하지 않는다. 그러나 이 귀중한 비행기를 해저에 그저 가라앉혀 버리는 것은 국가에 대해서 면목이 없을 뿐 아니라, 나 자신으로서도 대단히 원치 않은 일이다. 하다못해 비행한 시간만이라도, 그리고 이 바다에 가라앉은 사실만이라도 알리고 싶다고 생각했다. |

| | |
|---|---|
| | 그래서 나이프를 꺼내어 기체에 새기기 시작했으나 동요가 심하여 계속 할 수 없었다. |
| 寄(yo)<br>唱(tona) | 그러고 나서 수통을 끌어당겨 남은 물을 다 마셨다. 뒤돌아서 동쪽을 향해 천황폐하 만세를 세 번 불렀다. 다음으로 고향의 어머니에게 이별을 고하고 형 가족의 평안을 빌었다. |
| | 나의 죽음은 시시각각 다가왔다. 가솔린이 다 떨어질 때가 그야말로 나의 비행기와 내 생명의 마지막이다. 비행할 힘이 떨어지면 나는 비행기와 함께 떨어질 따름이다. |

| | |
|---|---|
| 握(nigi)<br>放(hana) | 이제는 핸들을 잡을 필요도 없다고 생각하여 양손을 핸들에서 뗐다. 잠시 지나자 비행기는 오른쪽으로 기울어 추락 직전 상태가 되었다. 그러자 왼손이 나도 모르게 나와 핸들을 당겼다. 잠시 후 또 왼쪽으로 기울었다.<br>그러자 오른손이 나와서 또 핸들을 당겼다. 스스로도 이상하다고 생각하면서 3,500미터의 고공비행을 계속했다. |

| | |
|---|---|
| 降(kou) | 4시 20분에 낮은 하늘의 구름을 발견했다. 나는 육지라고 직감했다. 하강해 가니 큰 하구(河口)가 보였다. 이어서 마을이 보였다. 나는 그저 기뻐서 꿈이 아닌가 생각했다. 착륙했을 때는 실로 가솔린이 떨어지기 십 분 전이었다.<br>그곳은 중국 강소(江蘇) 성의 어느 마을이었으며, 급히 달려온 나이 든 촌장은 시종 나를 보호해 주었다. |

| | |
|---|---|
| | 나는 지금도 가끔씩 그 당시를 생각하며 눈물지을 때가 있다. 나를 태우고 일곱 시간 동안 비행한 그 비행기, 착륙 후 중국 민관(民官)의 정성스러운 보호, 칭타오(靑島)로부터 파견된 구호 대원들을 만났던 기쁨은 내게 있어서 평생 잊을 수 없는 것이다.<br><br>끝 |

다이쇼 12년(1924) 8월 15일 인쇄
다이쇼 12년(1924) 8월 31일 번각발행 정가 金18전

조선총독부

조선서적인쇄주식회사

大正十三年八月十五日印刷
大正十三年八月十八日發行
大正十三年八月二十八日翻刻印刷
大正十三年八月三十一日翻刻發行

普國八
13

定價金十八錢

著作權所有

著作兼發行者　朝鮮總督府

京城府元町三丁目一番地
翻刻發行兼印刷者　朝鮮書籍印刷株式會社
代表者　伊東猛雄

京城府元町三丁目一番地
販賣所　朝鮮書籍印刷株式會社

## ▸ 찾아보기

## 역자소개

### 김순전 金順槇

소속 : 전남대 일문과 교수, 한일비교문학·일본근대문학 전공

대표업적 : ① 저서 : 『韓日 近代小說의 比較文學的 硏究』, 태학사, 1998년 10월

② 저서 : 『일본의 사회와 문화』, 2006년 9월, 제이앤씨

③ 편저서 : 일제강점기 조선총독부 편찬 『초등학교 唱歌 교과서』 대조번역, 상 · 중 · 하 3권, 2013년 8월, 제이앤씨

### 박장경 朴長庚

소속 : 전주대 일본언어문화학과 교수, 일본어학 전공

대표업적 : ① 논문 : 「한일 양언어의 주명사 『가능성(可能性)』에 대한 고찰」, 『日本語文學』 第51輯, 韓國日本語文學會, 2011년 12월

② 저서 : 『日本語의 連体修飾構文에 關한 硏究』, 제이앤씨, 2005년 8월

③ 역서 : 『日本語의 構文과 意味 Ⅰ』, 法文社, 1988년 10월(공역)

### 김현석 金鉉炀

소속 : 광주대 일본어학과 교수, 일본고대문학 전공

대표업적 : ①논문 : 「三國史記와 日本書紀의 천변지이 기사의 비교 고찰」, 『일본어문학』 11집, 한국일본어문학회, 2001년 9월

②논문 : 「記紀神話에 나타난 재앙신과 제사」, 『일본어문학』 13집, 한국일본어문학회, 2002년 6월

③역서 : 『일본대표단편선 1~3권』, 고려원, 1996년 9월(공역)

조선총독부 편찬 (1923～1924)
『普通學校國語讀本』 第二期 한글번역 ❸ (4학년용)

**초판인쇄** 2014년 5월 29일
**초판발행** 2014년 6월 7일

**역 자** 김순전 · 박장경 · 김현석
**발 행 인** 윤석현
**발 행 처** 제이앤씨
**등록번호** 제7-220호
**책임편집** 김선은
**마 케 팅** 권석동

**우편주소** 132-702 서울시 도봉구 창동 624-1 북한산현대홈시티 102-1106
**대표전화** (02) 992-3253(대)
**전 송** (02) 991-1285
**홈페이지** www.jncbms.co.kr
**전자우편** jncbook@hanmail.net



ISBN 978-89-5668-426-0 94190 **정가** 16,000원
978-89-5668-429-1 (전3권)